素材とモチーフで楽しむ布小物

Black & Gray, Blue, Brown

モダンでシックな手仕事

Having fun with motifs and materials in fabric accessory design

Black & Gray, Blue, Brown

Modern and chic craftwork

花岡 瞳

Introduction

はじめに

若いころから人と違ったものに惹かれた。

目立ちたがり屋というわけでもなく。

みんなと一緒という安心感より、強い好奇心が勝っていたのかもしれません。

それはいくつになっても変わることなく、

私の心の中は、今も好奇心でいっぱいに満たされています。

縫いものが苦手で始めたことが仕事になり、40年近く続けているのはどうして？

ときどき自分に問いかけてみます。

まだその答えは見つからないけれど、きっと布が持つ魔力みたいなものが、

私をつないでいるのでしょう。

時が流れ、簡単に作れるものが好まれるようになった現在でも、

手作りの温もりは変わらずに残っています。

今回、これまで作りためてきたものの中から、簡単に作れる作品をご紹介しています。

簡単だからこそ、アレンジは自在です。

素材を変えてみたり、少しの工夫やアイディアを加えて、

人とは違う「オリジナル」の手作りを楽しんでいただけたら…。

この本を手に取ってくださった皆様のお役に立てたらと願っています。

花岡 瞳

Contents もくじ

Introduction

はじめに　2

Cotton, Stripe & Check

ストライプとチェック

ストライプ＆チェックのショルダーバッグ ———— 6

六角形と五角形の手さげバッグ ———— 8

マニッシュなリボンポーチ ———— 10

六角形＋ストライプのバッグ ———— 11

ストライプつなぎの四角バッグ ———— 12

Accessories using scraps & materials

はぎれとパーツのアクセサリー

スナップつなぎのネックレス ———— 14

ストライプ＆チェックのティペットとブローチ ———— 16

はぎれのネックレス＆ピアス ———— 18

文字あそびブローチ ———— 20

つつみボタンのネックレス＆イヤリング ———— 22

ボタンのブレスレット ———— 24

ボタンとストローのピアス ———— 25

リックラックテープのブローチ ———— 26

Lesson.1　はぎれとパーツの
　　　　　　アクセサリーの作り方 ———— 27

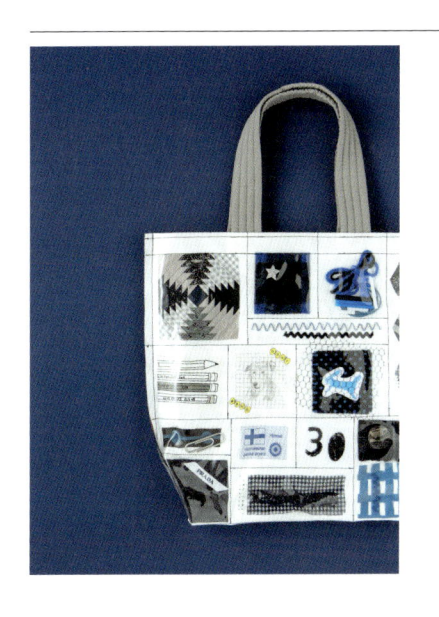

Fragments of memory
記憶のカケラ

Blue color トートバッグ ……………………… 32
Beige color 手帳カバー ……………………… 34
Black color 三角ペンケース ………………… 36
Pop color　パスケース ……………………… 37
Multicolor ポーチ …………………………… 38

Lesson.2　記憶のカケラ・基本テクニック …… 40

How to make　Multicolor ポーチ ……… 42
　　　　　　　　Pop color パスケース …… 43

Wool & Linen
ウールとリネン

ウールの3Dバッグ …………………………… 44
ウール＋リックラックテープのバッグ ……… 46
ボタン型ポーチ ………………………………… 47
ネイビーのクラッチバッグ＆ショルダーバッグ … 48
ブラウンつなぎのトートバッグ＆クラッチバッグ … 50
文字あそびのハンドバッグ＆長財布 ………… 52
ウールの円形バッグ …………………………… 54
リネンのビッグトートバッグ ………………… 56
リネンのログキャビンバッグ ………………… 58
リネンのはぎれコラージュバッグ …………… 59
リネンのクロスパッチワークバッグ ………… 60

Lesson.3　リネンのクロスパッチワークバッグの作り方 …… 62

My favorite cloth 布のこと ………………… 64

How to make　作品の作り方 …………… 65

Cotton, Stripe & Check

ストライプとチェック

《 ストライプ & チェックのショルダーバッグ 》

メンズライクなシャツ生地をパッチワークした
大ぶりのショルダーバッグ。

How to make / P.66

30×40×14cm

《 六角形と五角形の手さげバッグ 》

六角形と五角形を組み合わせた
丸みあるフォルムが魅力的。
How to make / P.68

24.5×36×14㎝

《 マニッシュなリボンポーチ 》

ギンガムチェックとストライプで、
可愛らしさにスマートな印象を混ぜ合わせて。
How to make / P.70

14.6×21cm

《 六角形 + ストライプのバッグ 》

シンプルでありながらモダンな印象は
黒のストライプが決め手。

How to make / P.72

31.5×30㎝

《 ストライプつなぎの四角バッグ 》

大きな四角をたたんで作るバッグ。
ストライプの柄行きを楽しんで。

How to make / P.73

50.7×50.7㎝

《 スナップつなぎのネックレス 》

ウールの丸とリネンの四角形。
つなぎパーツのスナップがアクセントに。

How to make / P.74

丸／長さ67cm 四角形／長さ140cm

チェックとストライプのはぎれをパッチワークしたティペット。
丸みのある衿の形に、シャープな縞使いでさわやかな印象に。
How to make / P.76

ティペット／首周り40㎝
ブローチ／12×12㎝

ヨーヨーキルトをぎゅっと寄せ集めたブローチ。
スマートな色使いで大人カラーに。
How to make / P.27

《 はぎれのネックレス＆ピアス 》

はぎれや糸をコラージュしたネックレストップ。
ボリュームと個性を強調したいならロープで。
シンプルにまとめるなら、リボンを使って。
How to make / P.31

18

タッセル状のピアスと三角と四角をつないだピアス。
切りっぱなしの風合いを耳元で楽しんで。
How to make / P.27

はぎれのネックレス／長さ60cm
タッセル仕立てのピアス／長さ5cm（モチーフ部分）
三角と四角のピアス／長さ6cm（モチーフ部分）

《 文字あそびブローチ 》

裁ち切りアップリケとリバースアップリケ、
二つの手法で文字あそび。
好きなはぎれを文字にはめこんだ
ふっくら仕立てのブローチ。

How to make / P.28

左上から時計回りに
A／8×9㎝　S／9.2×6.6㎝
123／7.7×11.3㎝　7／8.3×6.8㎝　5／8.5×7.8㎝
B／7.5×5.5㎝　H／9.2×8.4㎝

つつみボタンのボリュームを
モノトーンでシックにまとめた
存在感たっぷりのネックレス。
How to make / P.77

11×17㎝（モチーフ部分）

ウールやリネンでつつみボタンをくるんだイヤリング。
丸を重ねたり、クロスモチーフをアップリケしたり、
アクセントを加えるのも楽しい。

How to make / P.29

黄色・チェック／各直径3㎝
丸重ね・クロス／各直径2.5㎝

《 ボタンのブレスレット 》

集めたボタンのコラージュを楽しむブレスレット。
ボリュームを出しながらも、
素材の色合いを揃えてまとめるのがポイント。

How to make / P.78

左／手首周り18.5cm
右／手首周り18cm

《 ボタンとストローのピアス 》

ストローの透け感と色味がポップでモダン。
ボタンやパーツをつけて、個性的に仕上げて。

How to make / P.29

青&白／長さ6㎝（モチーフ部分）
黄色／4×4㎝（モチーフ部分）

《 リックラックテープのブローチ 》

たたみ方、アクセントのつけ方次第で
印象が大きく変わるリックラックテープ。
ブローチに仕立てて装いのアクセントに。

How to make / P.30

青／直径5cm　白・黒／各直径8cm
グレー／直径7cm

08. ストライプ＆チェックのブローチ　P.17

材料
・ヨーヨーキルト用はぎれ各種
・直径10㎝土台布2枚
・厚さ2㎜直径9㎝フェルト1枚
・ブローチピン1個

作り方

① はぎれでヨーヨーキルトを作る。

② 土台前と後ろを作る。

③ 土台前と後ろを外表に重ね、周囲を巻きかがってとじる。

④ ヨーヨーキルトを土台前に縫いつける。

⑤ ブローチピンを土台後ろに縫いつける。

前側

ヨーヨーキルト同士は重ねてつけ、土台を埋める

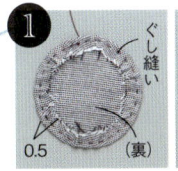

① ぐし縫い　（表）　0.5　（裏）

縫い代込み直径8㎝、6㎝、4㎝に裁ったはぎれを複数用意。裁ち端を裏へ折り、周囲をぐし縫いする（左）。引き絞って玉どめをする。

後ろ側

ブローチピン

③　⑤

ヨーヨーキルト同士をつなげるときは表と裏の両方で重ねた部分をまつる

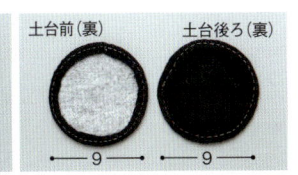

② 直径9フェルト 0.5　土台前（裏）　土台後ろ（裏）　9　9

土台前（裏）

直径10㎝に裁った前・後ろの土台布を用意。前用の裏にはフェルトを重ねる（左）。周囲をぐし縫いし、直径9㎝に引き絞る（右）。

10. はぎれのピアス　P.19

| タッセル仕立てのピアス |

材料（1組分）
・はぎれ、リボン、ひもなど好みの素材各種
・フックピアス金具1組

作り方

① はぎれやリボン、テープ、ひも、糸など好みの素材を長さ5㎝程にカットする。

② 一緒に束ねて縫い糸でしっかり結び、タッセルにする。

③ ピアス金具にタッセル上部を縫いとめる。

ピアス金具

③　0.5　②

素材は長さ5㎝程にカット

①

| 三角と四角のピアス |

表側　ピアス金具　裏側

① ② ③ ④

ランニング・S（刺しゅう糸・2本取り）

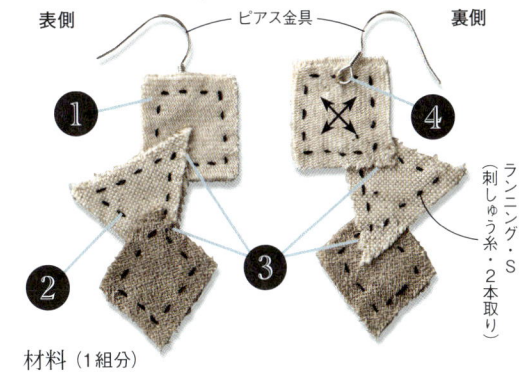

材料（1組分）
・はぎれ、25番刺しゅう糸黒各適宜　・フックピアス金具1組

作り方

① リネンのはぎれを一辺2.5㎝程で好みの形にバイアス地に裁つ。同じ形を2枚ずつ用意する。

② 同じ形の2枚を外表に合わせてボンドで貼り、周囲をステッチ。

③ モチーフ同士を縦に縫いとめる。

④ ピアス金具に縫いとめる。

11. 文字あそびブローチ P.20

各作品の型紙はP.109

裁ち切りアップリケで作るブローチ

材料（1個分）

・文字アップリケ用はぎれ各種
・土台布、接着芯、厚紙各適宜
・ブローチピン1個

作り方

❶ 土台前と後ろ、厚紙を用意。

❷ 表側にはぎれを文字形に合わせて並べ、ボンドで貼る。裁ち端をストレート・S（縫い糸）で縫いとめる。

❸ 土台前と後ろを外表に重ね、間に厚紙をはさんでボンドで仮どめする。周囲をブランケット・S（縫い糸）でとじる。

❹ ブローチピンを土台後ろに縫いつける。

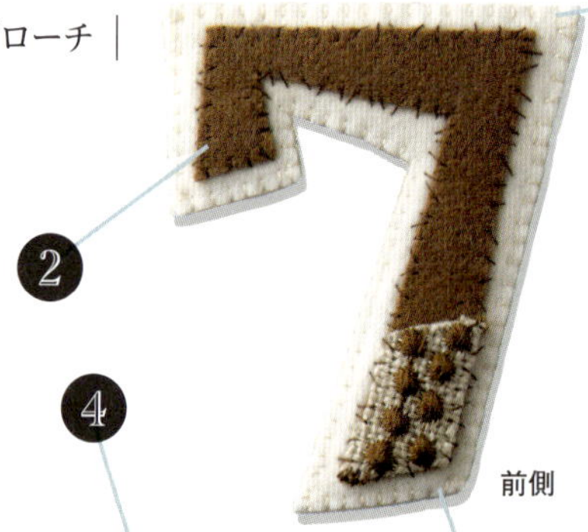

2
4
前側

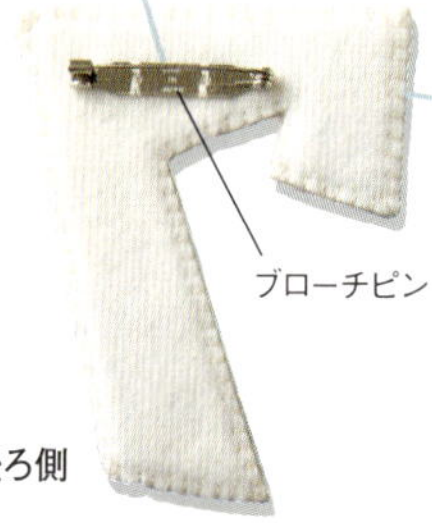

ブローチピン
後ろ側

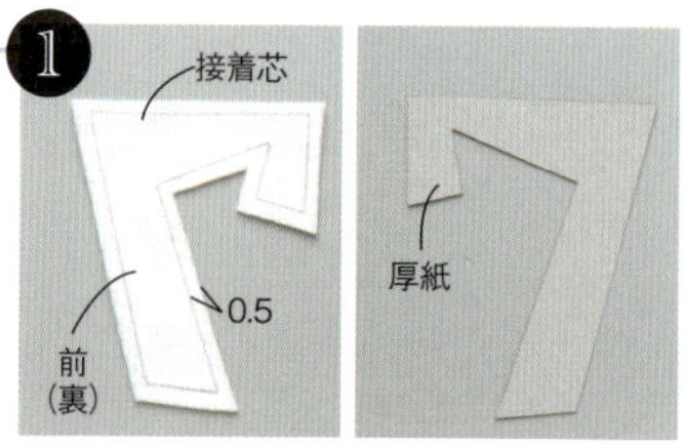

1
接着芯
0.5
前（裏）
厚紙

出来上がり線で裁った前後の土台の裏に5㎜小さく切った接着芯を貼る（左／写真は前）。厚紙は前側と同じ向きで接着芯と同様に5㎜小さく切って用意（右）。

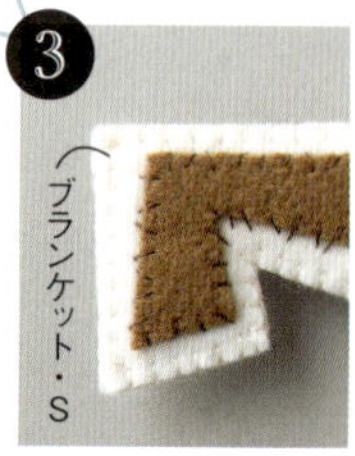

3
ブランケット・S

作り方共通

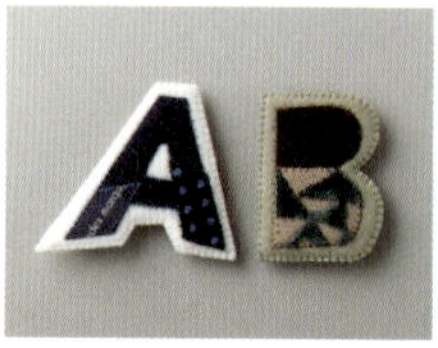

リバースアップリケで作るブローチ

材料（1個分）

・文字用布、表布、土台布、キルト綿、厚紙各適宜
・ブローチピン1個

作り方

❶ 周囲に縫い代を2cmつけ、裏に文字用布を仮どめした表布を用意する。

❷ 文字の出来上がり線に沿って縫い代を折り込みながらまつる。

❸ 前を作る。

❹ 土台を作る。

❺ ブローチピンを土台に縫いつける。

❻ 前と土台を外表に重ね、周囲を巻きかがる。

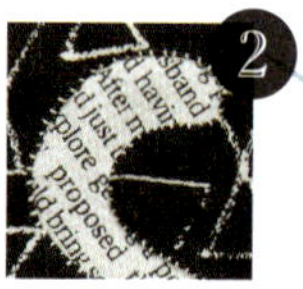

2

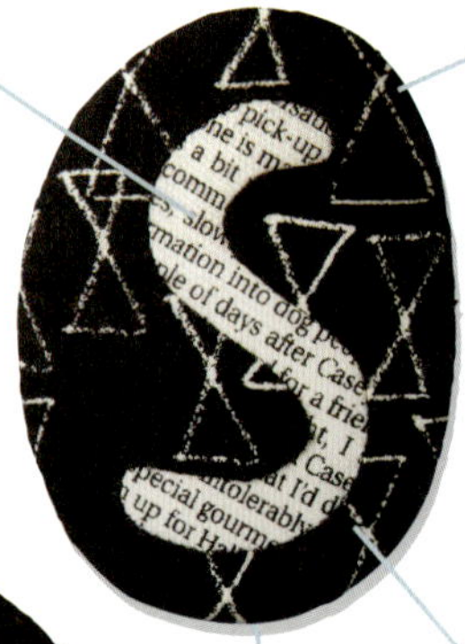

前側

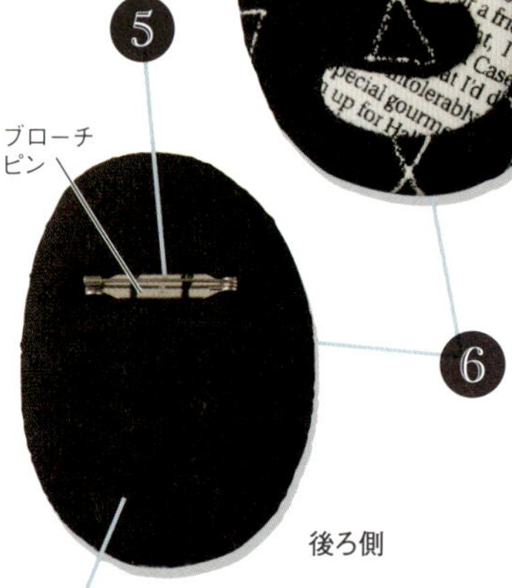

5
ブローチピン
6
後ろ側

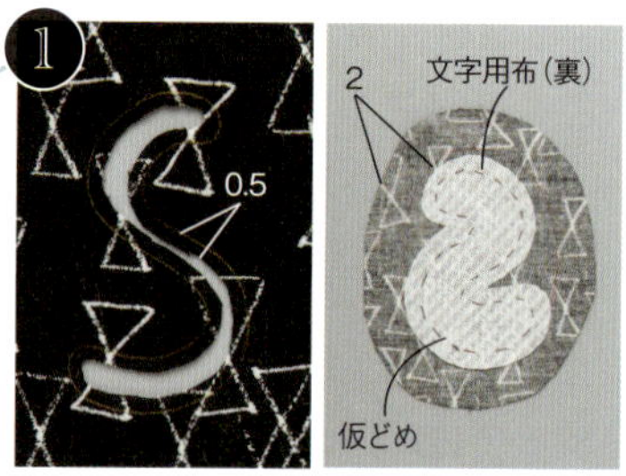

1
0.5
2
文字用布（裏）
仮どめ

縫い代を2cmつけて裁った表布（表）に文字を印つけし、縫い代を5㎜つけて切り抜く（左）。裏から文字用布を重ねて仮どめする（右）。

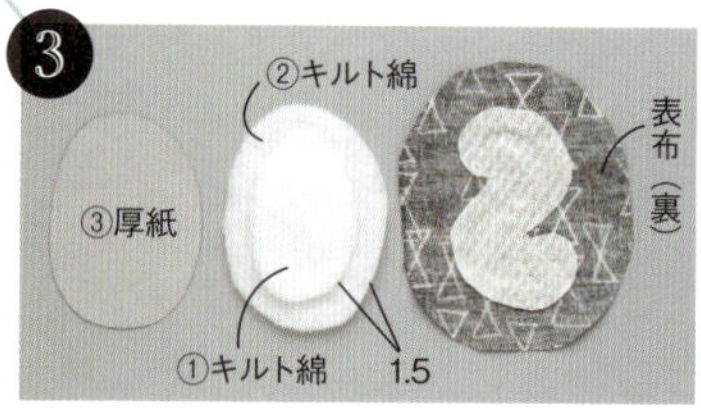

3
②キルト綿
③厚紙
①キルト綿
1.5
表布（裏）

❶の表布の裏に出来上がり線より1.5cm小さく裁ったキルト綿（①）、出来上がり線で裁ったキルト綿（②）と厚紙（③）の順に重ねる。表布の周囲をぐし縫いして引き絞る。

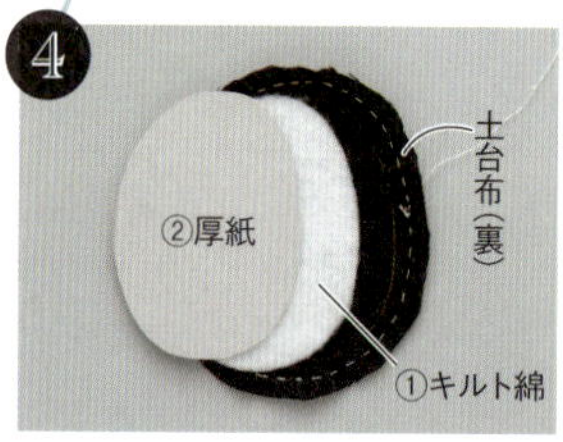

4
②厚紙
土台布（裏）
①キルト綿

縫い代1.5cmつけて裁った土台用布の裏に出来上がり線で裁ったキルト綿（①）と厚紙（②）を重ねる。土台布の周囲をぐし縫いして引き絞る。

作り方共通

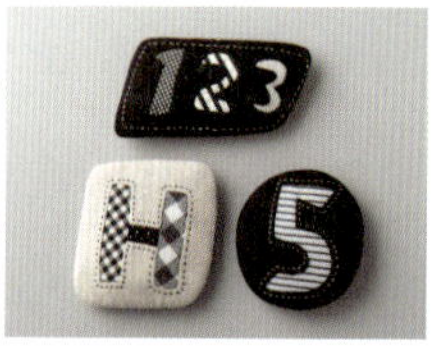

13. つつみボタンのイヤリング `P.23`

前側

後ろ側

表布（裏） つつみボタン芯（裏） 0.7 6

表布の周囲をぐし縫いする。裏につつみボタン芯を重ねて引き絞る。

土台用布（裏） 0.7 3 厚紙 6

土台用布を前と同様にぐし縫いし、裏に厚紙を重ねて引き絞る。

イヤリング金具

つつみボタンのイヤリング（チェック） ※黄色も共通

材料（1組分）
- 直径6cm表布用ウール、土台用ウール各2枚
- 直径3cmつつみボタン芯、厚紙各2枚
- イヤリング金具1組

作り方
1. 前を作る。
2. 土台を作る。
3. 前と土台を外表に合わせ、コの字とじで縫い合わせる。
4. 土台のやや上側に、イヤリング金具をボンドでつける。

丸重ねのイヤリング

③直径1.2 ②直径1.8 ①直径2.4

材料（1組分）
- 直径4.5cm・3.8cm・2.7cm表布用ウール各2枚
- 直径4.5cm土台用ウール各2枚
- 直径2.4cm・1.8cm・1.2cmつつみボタン芯各2枚
- 直径2.4cm厚紙2枚
- イヤリング金具1組

作り方
作り方は上作品と共通。①のとき、直径2.4・1.8・1.2のつつみボタン芯を表布でつつみ、上写真の①～③の順にまつる。

クロスのイヤリング

クロスのモチーフ（裁ち切り）

材料（1組分）
- モチーフ用フェルト適宜
- 直径4.5cm表布用、土台用ウール各2枚
- 直径2.4cmつつみボタン芯、厚紙各2枚
- イヤリング金具1組

モチーフの型紙はP.109

作り方
作り方は上作品と共通。①の前に裁ち切りのクロス形モチーフを、縫い糸で表布に縫いつける。

---

15. ボタンとストローのピアス `P.25`

青＆白のピアス

材料（1組分）
- 直径4mmストロー適量
- 好みのボタンやビーズ6種
- 直径0.8mm丸ひも150cm
- フックピアス金具1組

作り方
1. ストローを好みの長さにカット。
2. 素材とピアス金具にひもを通す。
3. 金具の根元でひもを束ね、縫い糸を使ってしっかり結ぶ。

①ひも端を結ぶ。
②ボタンとストローに通す。
③ピアス金具に通す。
④金具の5mm下でひもにまち針を刺してループを作る。
⑤ストロー→ボタン→ストロー→ピアス金具の順に通す。
※残りのストローとボタンも④→⑤→④と同様にしてつける。

ピアス金具

スナップ

ボタン

シェル型ビーズ

トライアングルのピアス

材料（1組分）
- 直径4mmストロー適量
- ボタン6種
- 直径5mmビーズ4個
- 直径0.8mm丸ひも150cm
- フックピアス金具1組

ピアス金具

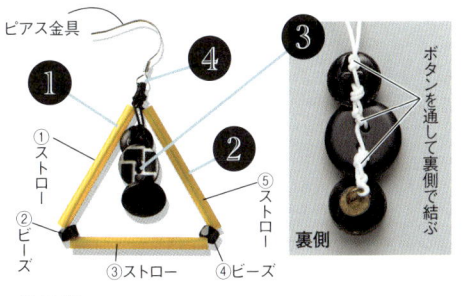

①ストロー ②ビーズ ③ストロー ④ビーズ ⑤ストロー

裏側

ボタンを通して裏側で結ぶ

作り方
1. ストローを4cmにカット。
2. 上写真①～⑤→ピアス金具の順にひもを通す。
3. 15cmに切ったひもをボタンに通し、裏側でひと結びしながら縦につなげる。
4. ③のひもをピアス金具に通す。②と一緒に束ね、金具の根元で縫い糸を使ってしっかり結ぶ。

16. リックラックテープのブローチ P.26

リックラックテープ + 細編みのブローチ（白）　※記載のリックラップテープの幅はテープの山から谷の長さを示す。

材料（1個分）
・幅1.5cmリックラックテープ山17個分
・直径5.5cm土台後ろ用布1枚
・直径3.5cmキルト綿、厚紙各1枚
・直径2cmボタン1個　・ブローチピン1個
・レース糸（オリムパス・エミーグランデ）適宜

作り方

① リックラックテープを輪に縫う。

② レース糸で土台前を編む（P.111を参照）。

③ 土台前に①のテープをつける。

④ 土台前にボタンを縫いつける。

⑤ 土台後ろを作る。

⑥ 土台後ろにブローチピンを縫いつける。

⑦ 土台後ろに前をまつりつける。

② **編み図と編み方▶ P.111**

前側

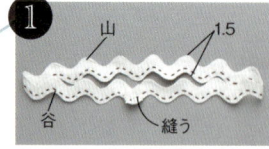
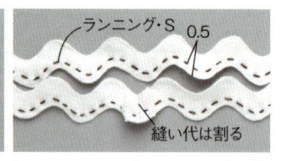

リックラックテープの端にレース糸でステッチをする。テープの谷の位置を合わせて輪に縫い、15個の山が連なるようにする。

編み終わりのレース糸を30cm程残して切り、とじ針に通す（左）。①のテープの山を5mmすくって土台前の編み目を2目すくう。これを繰り返してテープの山と土台前を縫いつける（右）。

ボタン

ブローチピン

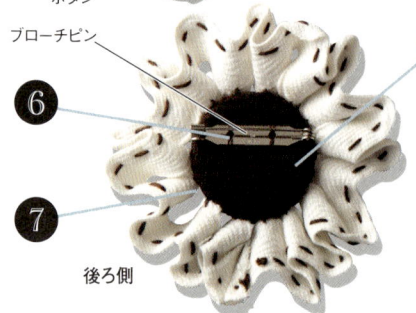

後ろ側

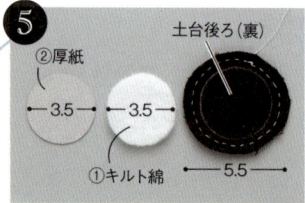

土台後ろ用布の裏にキルト綿（①）、厚紙（②）の順に重ねる。土台後ろ用布の周囲をぐし縫いして引き絞る。

作り方共通

①のランニング・Sはなし

リックラックテープ + 細編みのブローチ（青）

材料（1組分）
・幅6mmリックラックテープ山26個分
・直径5cm土台後ろ用布1枚
・直径3cmキルト綿、厚紙各1枚
・直径8mmお椀型ビーズ、直径2mm丸ビーズ各7個
・ブローチピン1個
・レース糸（オリムパス・エミーグランデ）適宜

作り方
作り方は上作品と共通。

① のランニング・Sはなしで、輪にして24個の山を連ねる

② の土台前は4段目で編み終える。

③ のとき、編み目は1目ずつすくう。

④ で、お椀型ビーズと丸ビーズを縫いつける。

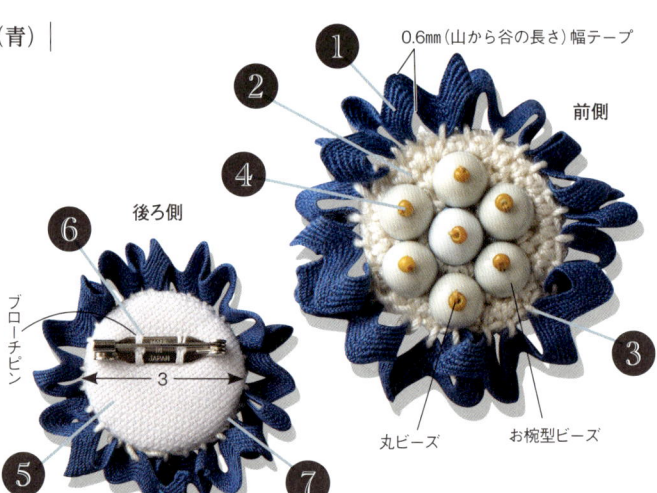

0.6mm（山から谷の長さ）幅テープ

前側

後ろ側

ブローチピン

丸ビーズ

お椀型ビーズ

材料（1個分）

- 大用幅1cmリックラックテープ山72個分
- 小用幅1cmリックラックテープ山33個分
- 直径7cm土台後ろ用布1枚　・直径5cm厚紙1枚
- 直径2cmボタン1個　・ブローチピン1個

作り方

❶ 大・小用のリックラックテープをそれぞれ輪に縫う。

❷ テープの山と谷をすくって引き絞る。

❸ 大に小を重ねて縫いとめ、中央にボタンを縫いつける。

❹ 土台後ろ用布の裏に厚紙を重ねて周囲をぐし縫いし引き絞る（30ページ、「＋細編みのブローチ」❺を参照。キルト綿はなし）。

❺ 土台後ろにブローチピンを縫いつける。

❻ 土台後ろを❸にまつる。

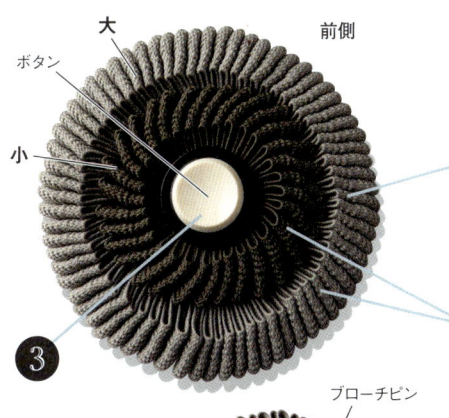

大　前側
ボタン
小

❸

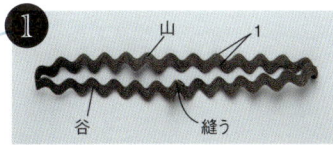

❶ 山　1　谷　縫う

リックラックテープの山の位置を合わせて輪に縫い、大は70個、小は31個の山が連なるようにする。

後ろ側

ブローチピン

❺　❻　5　❹

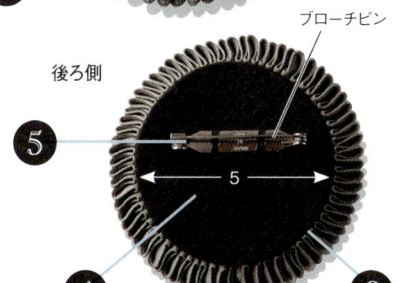

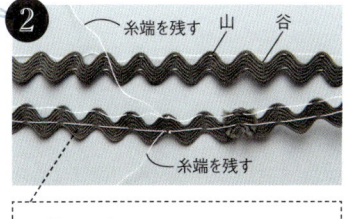

❷ 糸端を残す　山　谷　糸端を残す

糸端を同時に引く

大は70個、小は31個の山をすくう。続けて別糸で同様に谷をすくう（左）。残した糸端を2本同時に引き絞って円形にする（右）。小も同様に作る。

①山をすくう　縫い始め
②谷をすくう　縫い終わりは縫い始めの1針先に出す

---

09. はぎれのネックレス　P.18

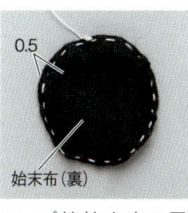

0.5
始末布（裏）

❹
わ　リネンロープ
長さ45cmベルベットリボン

ロープ端始末布の周囲を5mm裏へ折り、ぐし縫いする（左）。ロープ端をくるんで引き絞る。始末布の中央に、半分に折ったリボンのわを縫いとめる（右）。

材料

- 土台用リネン14×7cm
- コラージュ用素材各種
- 直径4cmロープ端始末用2枚
- 直径1cmリネンロープ60cm
- 幅3mmベルベットリボン90cm
- 25番刺しゅう糸黒適宜

作り方

❶ 土台布を外表に二つ折りし、周囲を刺しゅう糸2本取りで縫う。

❷ 右を参考に素材を縫いとめる。

❸ ロープを土台の裏に縫いつける。

❹ ロープの端を始末する。

長さ60cmリネンロープ

❸

直径3cmのはぎれを数枚重ねて縫いとめる

❶

7

ベルベットリボン

糸を束ねて縫いつける

7

はぎれを5mm幅のテープ状にしてはさむ

フレンチノット・S

ストレート・S

直径3cmのはぎれに綿を詰めて引き絞る

はぎれを重ねて半分に折る

《 Blue color トートバッグ 》

パターンやはぎれ、テープ、糸、包装紙など
様々な素材をペーパーファブとビニールクロスの間にとじこめて。
あそび心もたっぷり入るトートバッグ。

How to make / P.79

35×38.5×10㎝

《 Beige color 手帳カバー 》

リネンのはぎれを中心にコラージュした手帳カバー。
普段は裁ち落としてしまう布の耳をアクセントにして。

How to make / P.80

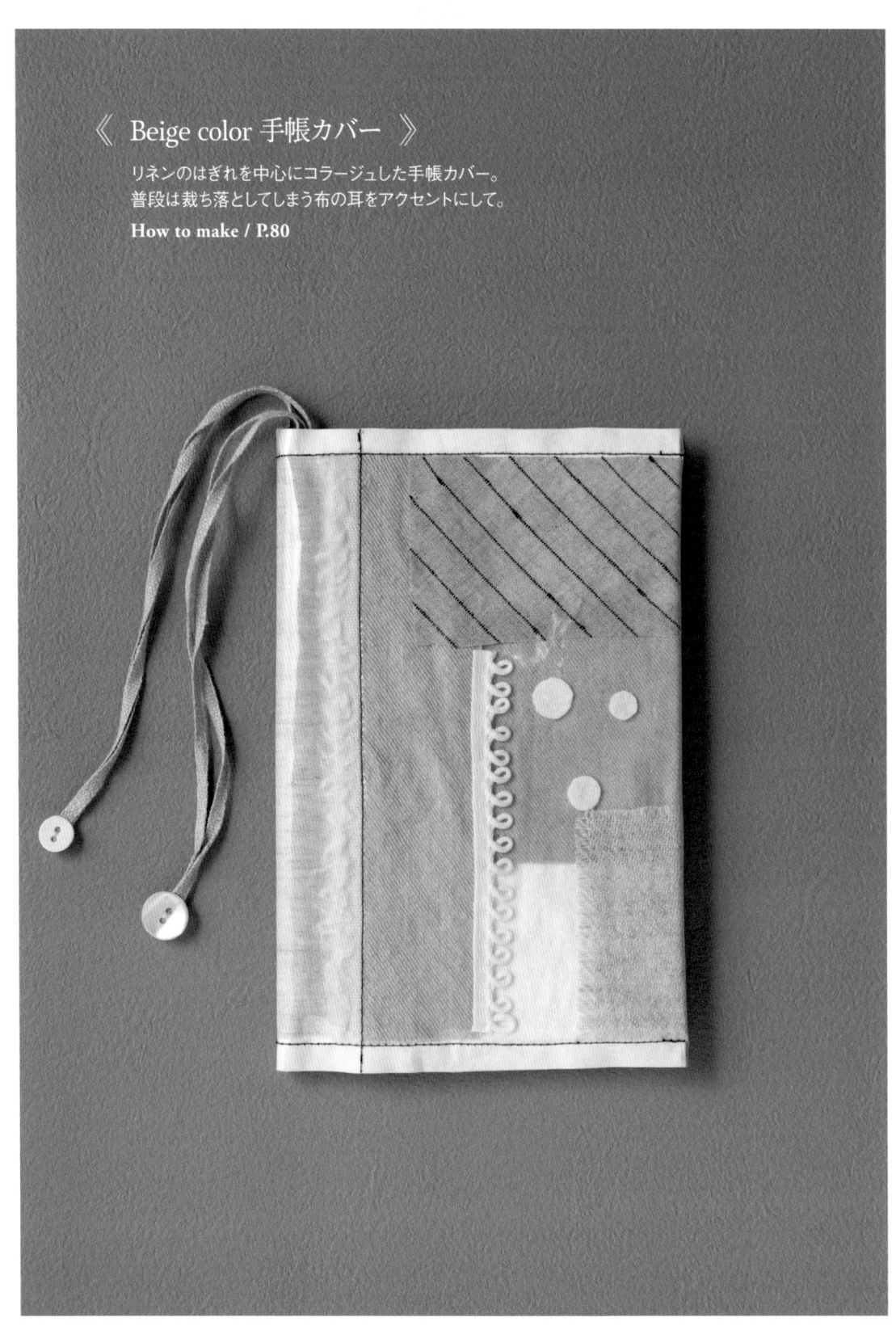

18.5×27cm（ひらいたとき）

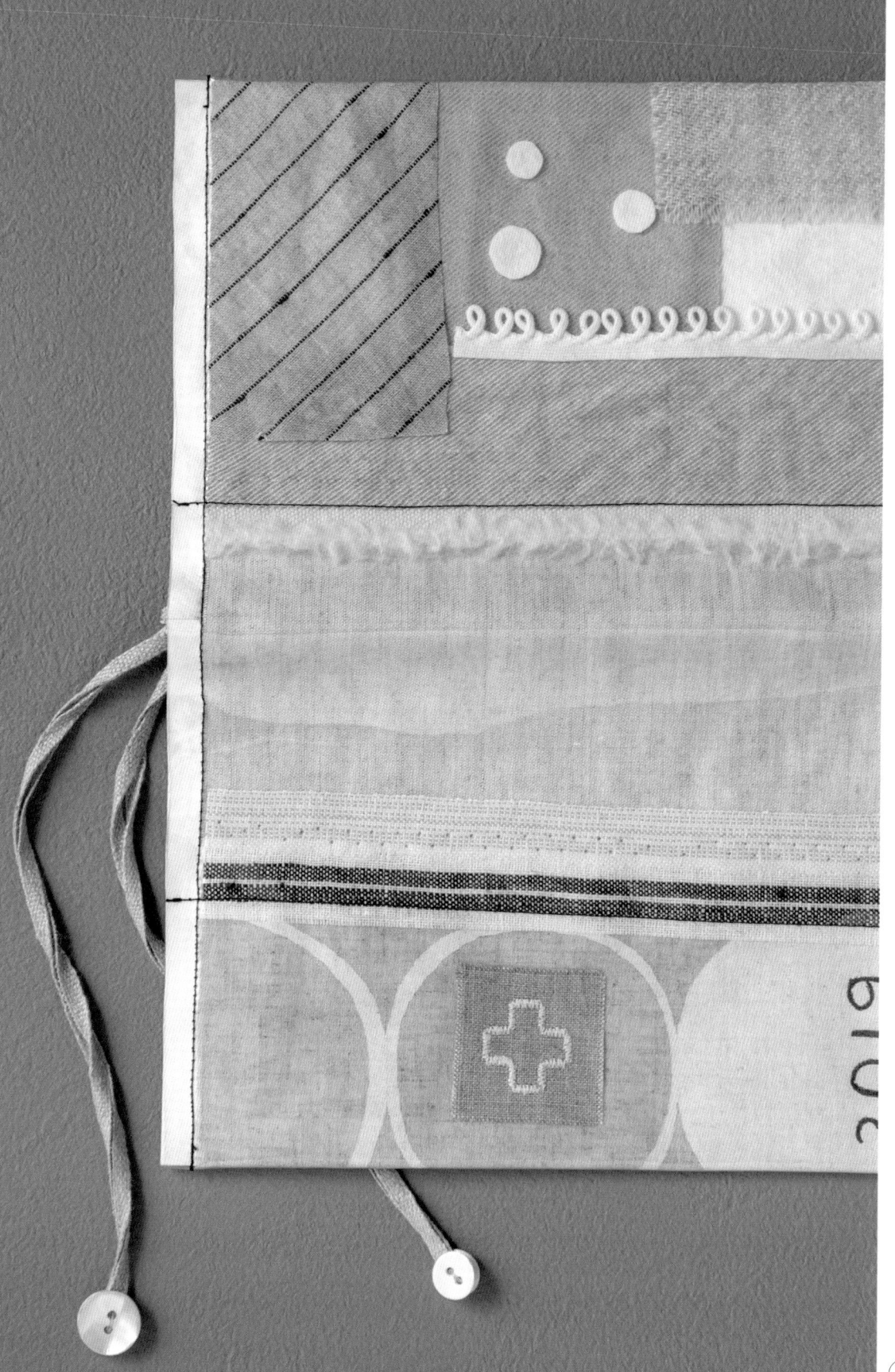

《 Black color 三角ペンケース 》

細長いテトラ型に仕上げたポーチ。
仕切りを均等にし、
好みの布のサンプル帳をイメージ。
How to make / P.81

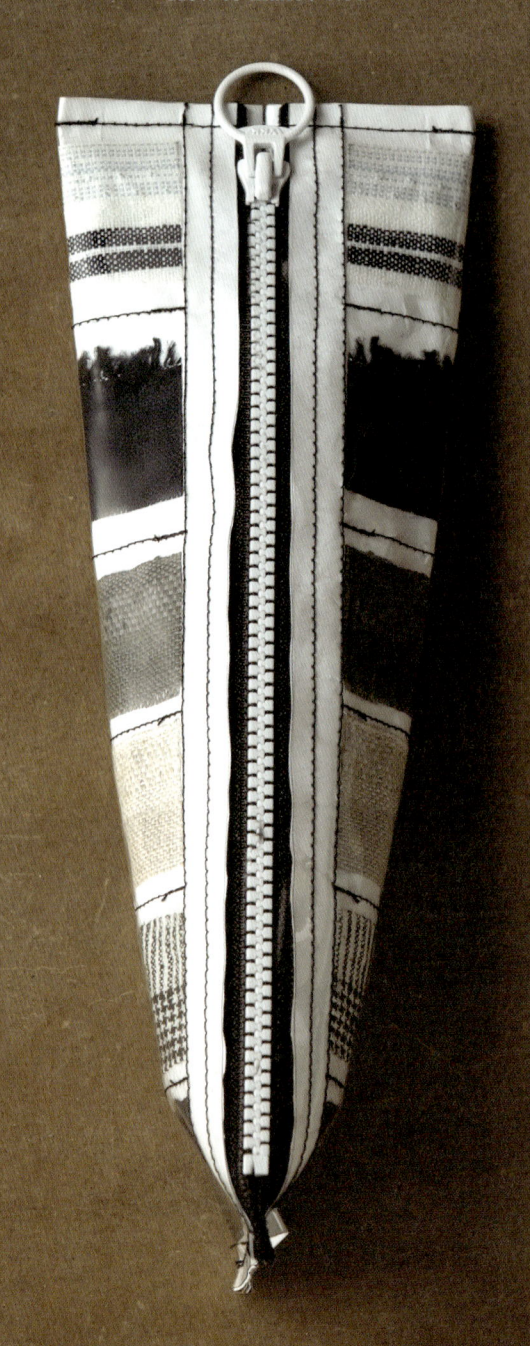

22×8.5×8.5㎝

《 Pop color パスケース 》

大きめのワッペンやイニシャルモチーフなど、
個性派パーツをとじこめたパスケース。
存在感ある素材に色味を合わせて。

How to make / P.43

各9.5×6.5cm

《 Multicolor ポーチ 》

お気に入りのショップタグや包装紙、クリップ、ストロー、プルタブ。
手芸素材でないパーツも色が合えば使える。
素材の振り幅が広いほど仕上がりが個性的に。

How to make / P.42

各15×21×6cm

Lesson.2 │ 記憶のカケラ・基本テクニック

about

「記憶のカケラ」について

本書でご紹介する「記憶のカケラ」は、不織布製ペーパーファブとビニール
クロスの間に素材を封入し、小物に仕立てるシリーズです。手芸素材だ
けでなく、旅先で見つけた可愛い包装紙、雑誌の切り抜きやポストカード、
好きなショップのタグ、色や形が気に入っているパーツなど、思い入れのあ
る素材を入れて仕立てることから、「記憶のカケラ」と名づけています。

《 **Materials & Tools** │ 材料と道具 》

A ペーパーファブ

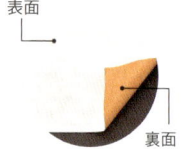

表面 ← → 裏面

土台として使用する高密度ポリエチレ
ン100%の不織布。耐久性に優れ、
紙のように軽い。ここでは、白地の面
を表、茶色地の面を裏として使用する。
アイロンをあてられないので注意。

B ビニールクロス

表材として使用。無色透明で、厚さ0.3mmのものを選ぶ。アイ
ロンをあてられないので注意。

C 封入素材

厚みが5mm程度までであれば可。P.41「Enclosure　封入素材
のいろいろ」も参照。

D ミシン針

薄地用9号を使う。

E ミシンの押さえ金

テフロン押さえ金を使う(金属の押さえ金では、ビニールクロス
上を滑らないので縫えない)。

F ミシン糸

普通地用60番を使用。色は封入素材に合わせてお好みで。

G トレーシングペーパー

表材のビニールクロス側をミシンの針板に置くとき、下に敷いて
滑りやすくする。

H 木工用ボンド

封入素材の仮どめに使う。

I 爪楊枝

素材にボンドをつけるときに使う。

★その他の道具 ……… 鉛筆、定規、紙用ハサミ、ミシン

《 Enclosure ｜ 封入素材のいろいろ 》

38ページのポーチを参考に、身の回りの素材の中から封入できるものを探してみましょう。

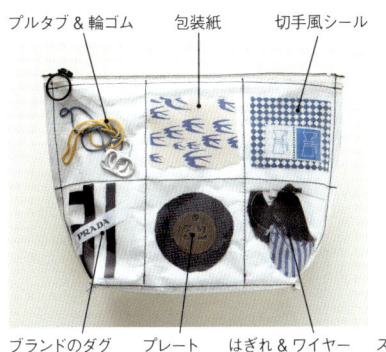

プルタブ＆輪ゴム　包装紙　切手風シール　はぎれ　ペップ＆変わり糸　ビーズ類

ブランドのダグ　プレート　はぎれ＆ワイヤー　ストロー　ヨーヨーキルト＆ボタン　シートつきスナップ

Point ｜ 素材選びの注意点

封入素材は、厚みのない素材を選びます。例えばボタンの場合、足つきボタンやくるみボタンなど厚みがあるものはNG。やや厚みのあるものは、なるべく作品中央部をさけ、左右の端に配置します。

《 Basic technique ｜ 基本のテクニック 》

「記憶のカケラ」のシリーズに共通するテクニックです。
まち針を打ったところや、一度ミシンで縫った部分にはペーパーファブとビニールクロスに穴があくため、布のように縫い直しはできません。ご注意ください。

①

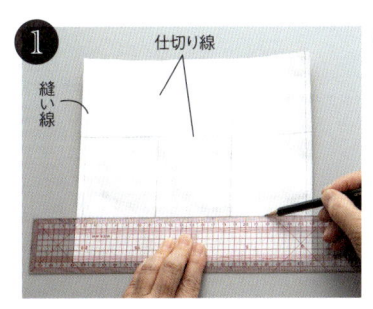

ペーパーファブを縫い代込みの寸法でカットし、表側となる白地の面に縫い線（仕立ての段階で縫う線）と仕切り線を鉛筆で書く。

②

平らな封入素材を仕切り線の内側に配置する。このとき素材の裏に爪楊枝でボンドをつけて位置を固定する。

③

配置し終えたところ。ボタンやストローといった厚みのある素材はまだ配置せずにおき、仕切り線を縫った後で入れ込む。

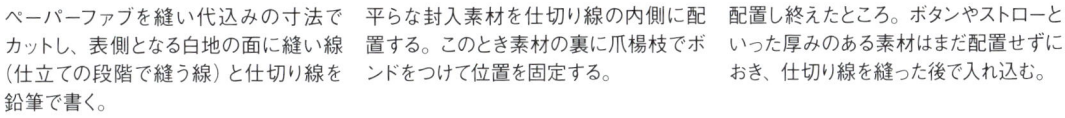

④

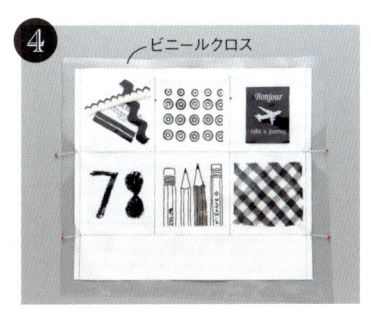

ペーパーファブより大きめにカットしたビニールクロスを上に重ね、縫い線と仕切り線の上にまち針を打って仮どめする。

⑤

テフロン押さえ金にしたミシンで、ペーパーファブの端まで仕切り線上を縫う。針目はやや広めの2.6㎜程で。縫い始めと終わりは返し縫いをする。

Point.1 ｜ 仮どめ

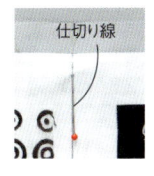

まち針を打つとビニールクロスに穴があくため、後でミシンで縫う線（縫い線や仕切り線）上で仮どめする。

Point.2 ｜ 縫い始めと終わり

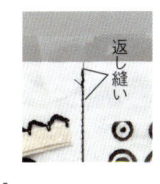

後でビニールクロスをカットするため、必ずペーパーファブの1㎜内側で返し縫いをする。

How to make | 21. Multicolor ポーチ P.38_39

材料
- 土台用ペーパーファブ、ビニールクロス各 50×25cm
- 長さ20cmファスナー一本（ファスナー端がほつれないナイロン製を使用）
- 封入素材各種（以下プロセスでは黒色系の素材を封入）

前・後ろ（各1枚）

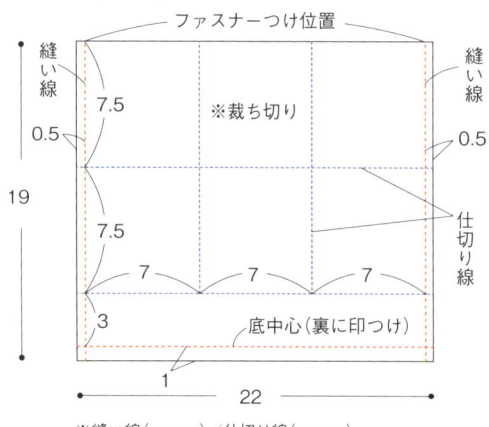

ファスナーつけ位置
縫い線
縫い線
7.5
0.5
0.5
19
7.5
仕切り線
7　7　7
3
底中心（裏に印つけ）
1
22

※裁ち切り

※縫い線（‑‑‑‑‑‑）／仕切り線（‥‥‥‥）
※ビニールクロスは縦25×横25cmに裁つ

※写真の作品と、プロセスで
封入した素材は異なります。

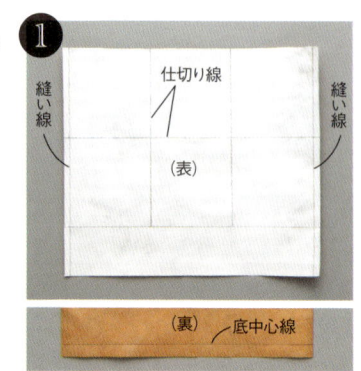

① 土台となるペーパーファブを縫い代込み縦19×横22cmでカット。表側にする白地の面に縫い線と仕切り線を書く。裏側に返し、茶色の面に底中心線を引く。これを2枚用意。

② 41ページを参照して仕切り線の内側に封入素材を配置し、上に大きめにカットしたビニールクロスを重ねて仕切り線上をミシンで縫う。

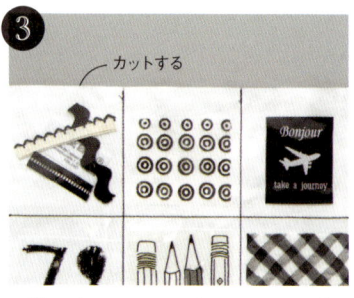

③ 口側のビニールクロスをペーパーファブに沿ってカットする。後ろも同様にして作る。

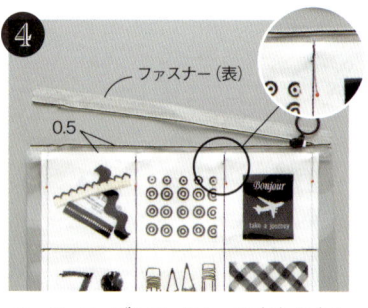

④ ペーパーファブとファスナーの中心を合わせ、ファスナーの歯から5mm下に口の裁ち端を揃えて重ねる。まち針を仕切り線上に打ち、仮どめする。

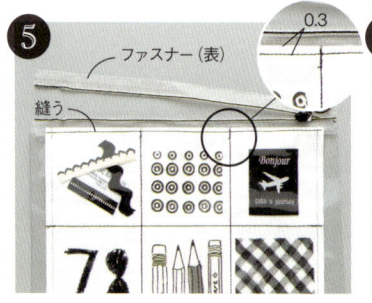

⑤ テフロン押さえ金にしたミシンで、口の裁ち端から3mm下を縫い、ファスナーをつける。縫い始めと縫い終わりはペーパーファブのきわで返し縫い。

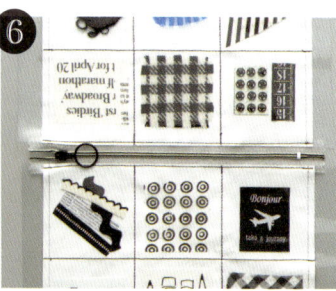

⑥ ④〜⑤と同様にして、反対側のファスナー端に後ろをミシンで縫いつける。

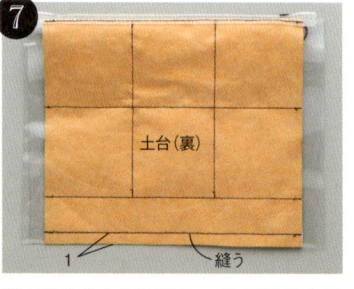

⑦ 前と後ろを中表に重ね、仕切り線上にまち針を打って底中心線を縫う。底側のビニールクロスのみ、ペーパーファブに沿ってカットする。

⑧ 表に返して底中心で折る。厚みのある素材（ボタンやストローなど）は、このとき左右のあき口から入れる。

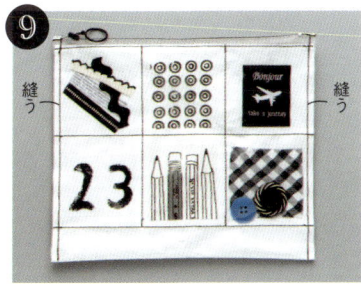

⑨ 両脇の縫い線を合わせてファスナーの上端から底中心までを縫う。両脇のビニールクロスをペーパーファブのきわでカットする。

縫う　縫う

Point ｜ 滑りやすくする

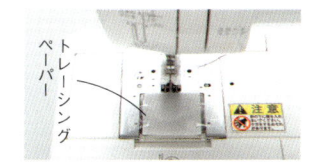

ビニールクロス側を外側にして縫うとき、針板に吸いついて滑らなくなるため、縫う前に針板の上にトレーシングペーパーを貼る。

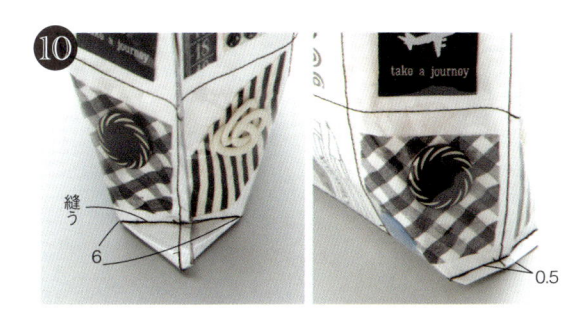

⑩ 縫う　6　0.5

脇の縫い代を片倒しにし、底をたたんで6cm幅のマチを縫う（左）。縫い代を5mm残して、ペーパーファブとビニールクロスを一緒にカットする。反対側も同様にして完成。

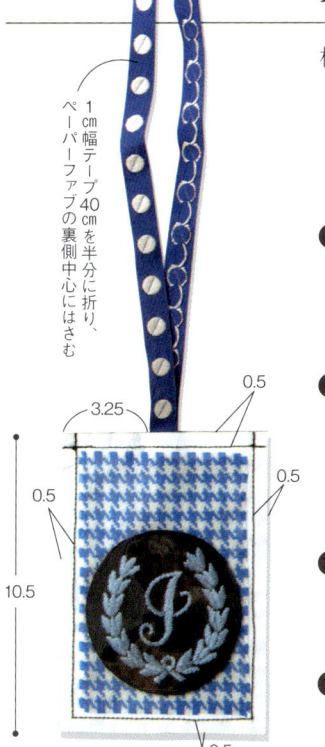

1cm幅テープ40cmを半分に折り、ペーパーファブの裏側中心にはさむ

3.25　0.5
0.5　0.5
10.5
7.5　0.5

How to make ｜ **20.** Pop color パスケース　P.37

材料　・土台用ペーパーファブ10×15cm　・ビニールクロス30×15cm
・1cm幅テープ40cm　・封入素材各種

❶ 縫い代込み縦10.5×横7.5cmのペーパーファブを用意し、5mm内側に縫い線を印つけする。封入素材を配置する。

❷ 縦15×横10cmに裁ったビニールクロスを2枚用意。裏にテープを重ねた❶の表と裏に口側の端を揃えて重ね、上部の縫い線を縫う。

❸ 裏を上に置き直し、口より3cm下側に縦12×横10cmに裁ったビニールクロスを重ねる。

❹ 両脇と底を続けてミシンで縫う。ビニールクロスをペーパーファブに沿ってカットする。完成。

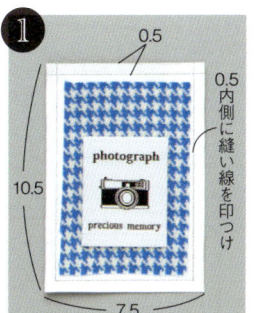

① 0.5　0.5内側に縫い線を印つけ
10.5　7.5

② テープ　揃えて重ねる　ビニールクロス2枚ではさむ　縫う

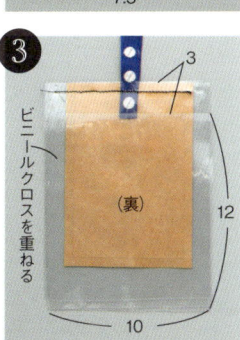

③ ビニールクロスを重ねる　3　（裏）　12　10

④ コの字に縫う

※写真の作品と、プロセスで封入した素材は異なります。

Wool & Linen

ウールとリネン

《 ウールの3Dバッグ 》

隣り合う四角形が重なって見える立体的なデザイン。
それぞれを袋状に仕立てているので、
角の折り方で印象もグッと変化。

How to make / P.82

31.5×36×9cm

《 ウール + リックラックテープのバッグ 》

リックラックテープを折りたたんだ花形モチーフ。
ウールの定番、千鳥格子に縫いつけて
少しだけレトロな雰囲気に仕上げて。
How to make / P.99

30×28cm

《 ボタン型ポーチ 》

ボタンの形をした丸型ポーチ。
ボタンホールのステッチを目立たせててポイントに。
How to make / P.84

各直径12×3㎝

深みのあるネイビーのウールのクラッチバッグ。
水玉のアップリケで。
モダンな印象と軽やかさをプラス。
How to make / P.89

15×25cm

ヘリンボーンの柄行きを味わうショルダーバッグ。
ウールのやわらかな質感を、
パイピングコードの縁取りで引き締め、
格好よく仕上げて。

How to make / P.86

24 × 30 × 8cm

《 ブラウンつなぎのトートバッグ＆クラッチバッグ 》

毛足の長いもの、コーティングされたタイプ、
フェルト状になったものなど、
様々な質感のウールを集めるほど、
個性と味わいが出るトートバッグ。

How to make / P.90

34×45×12㎝

コーティングウールのやわらかい光沢を主役にしたクラッチバッグ。
柄行きを合わせたチェックのウールで、光沢感を強調して。
How to make / P.92

14×27cm

《 文字あそびのハンドバッグ＆長財布 》

アップリケとアウトラインステッチで文字あそび。
ハンドバッグは、あえて前から後ろへと
文字配列を区切らずにデザイン。
How to make / P.94

18.5×24×3cm

長財布には数字をデザイン。
数字の丸みとシャープなラインは
アップリケとアウトラインステッチを使い分けて描いて。
How to make / P.96

9.5 × 18cm

《 ウールの円形バッグ 》

ウールの円モチーフをランダムに重ね合わせ、
色柄と風合いの違いを楽しんで。
バッグ本体も円形にデザインしたモダンスタイル。

How to make / P.100

直径38㎝

《 リネンのビッグトートバッグ 》

42×50×12cm

大ぶりでシンプルな形のリネンのトートバッグ。
アクセントの3つのポケットをスナップで取りつけて、
位置替えもできる自由度満点のデザイン。

How to make / P.102

≪ リネンのログキャビンバッグ ≫

リネンのはぎれを「ログキャビン」のパターンに。
ランダムに配されたベージュやグレーの濃淡がリズミカル。

How to make / P.106

35×32×16cm

《 リネンのはぎれコラージュバッグ 》

側面下部をリネンのはぎれで埋めたバッグ。
色味と織り模様のさりげない違いと、
使うごとに表情が変わる裁ち端の風合いを味わって。

How to make / P.104

28.7×46.5×7.5㎝

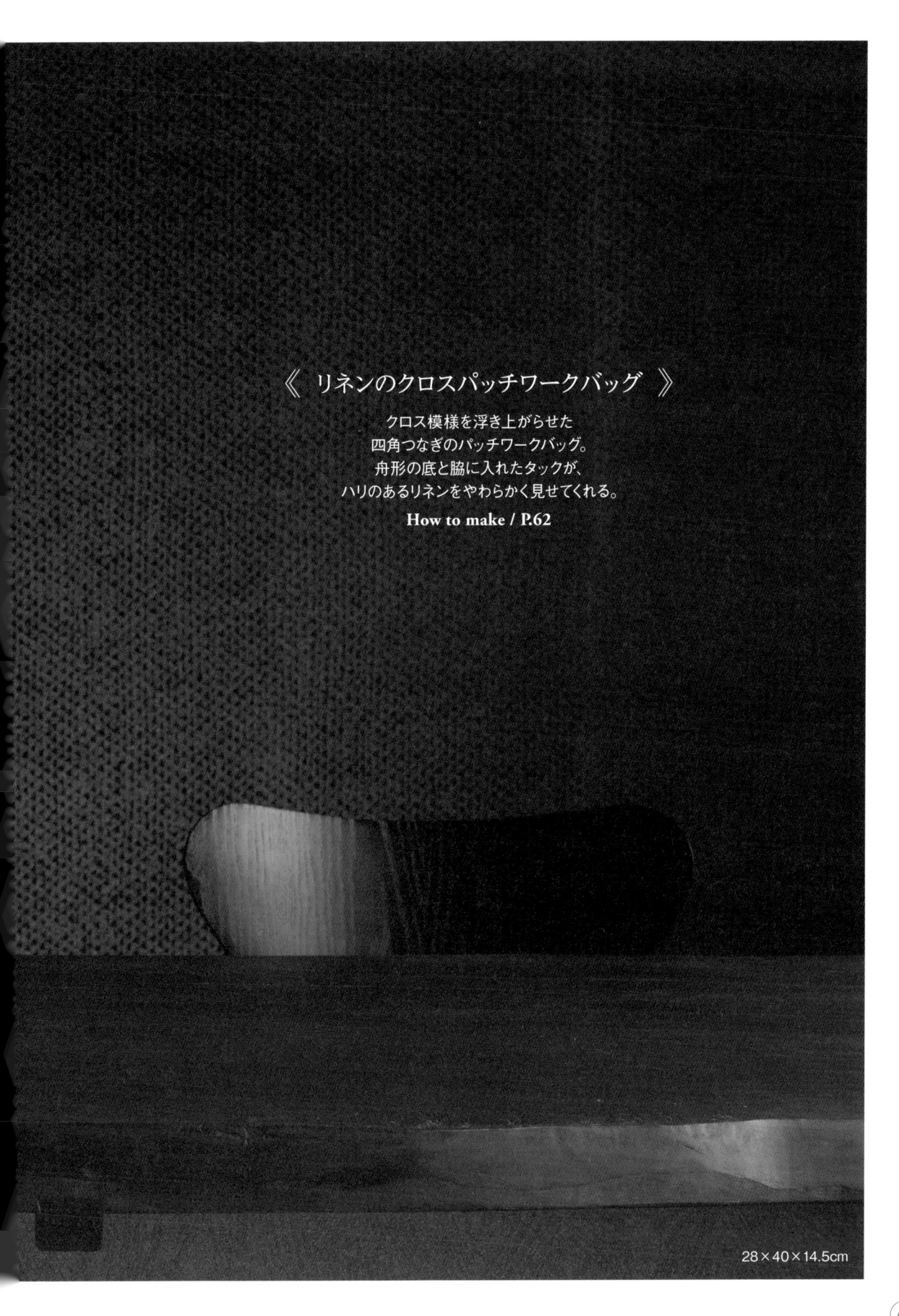

《 リネンのクロスパッチワークバッグ 》

クロス模様を浮き上がらせた
四角つなぎのパッチワークバッグ。
舟形の底と脇に入れたタックが、
ハリのあるリネンをやわらかく見せてくれる。

How to make / P.62

28×40×14.5cm

Lesson.3 | リネンのクロスパッチワークバッグの作り方　

材料
・ピーシング用リネン各種　・後ろ用リネン45×35cm
・底用リネン(持ち手分含む)90×45cm　・中袋用布90×50cm　・接着芯45×10cm
前・後ろと底の型紙はP.110

前(1枚)

持ち手つけ位置
中心
「クロス」のブロック

5　5

A　5

C　5

10

B　5

15

A

28

★(脇)

21

★(脇)

7

前中心

20

40

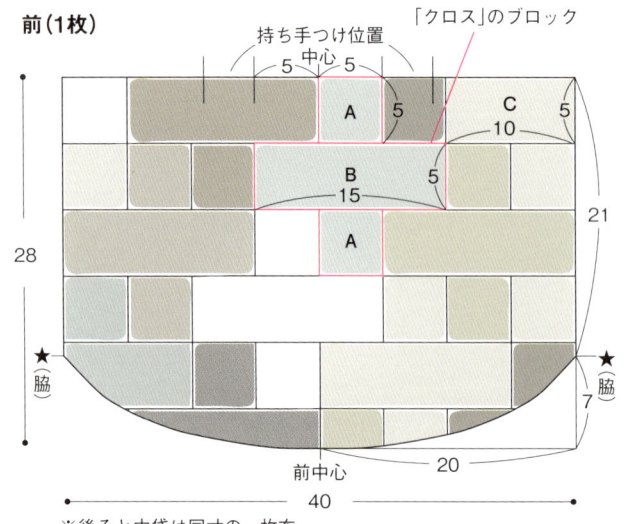

底(1枚)

前中心

14.5

わ

★(脇)

後ろ中心

18.6

※中袋同寸

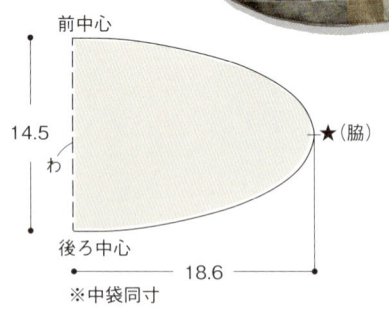

※後ろと中袋は同寸の一枚布
※後ろと中袋は口側に縫い代3cm、その他に縫い代1cmをつける

持ち手(表布、裏布各4枚)

表布(✕)、裏布(↔)

2
4
2

8

※裁ち切り　折り位置

35

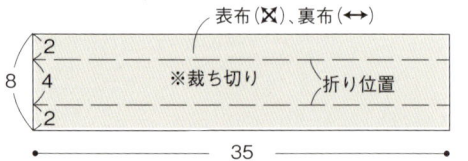

前の接ぎ順

A	B	A	A	C

| A | A | A | B | A | A |

| B | A | A | B |

| A | A | B | A | A | A |

| C | A | A | B | A |

| B | A | A | A |

❶

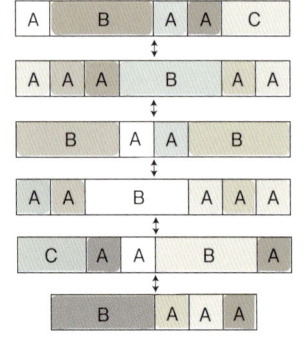

前(表)

上と左の図を参照して前を作る(横に並ぶ各ピースを縫い合わせてブロックにまとめ、それらを縦に接ぎ合せて一枚布にする)。

❷

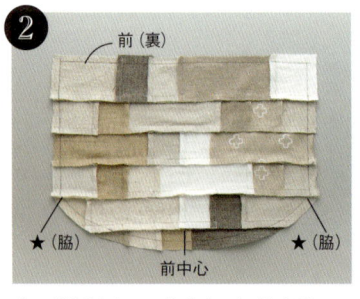

前(裏)

★(脇)　★(脇)
前中心

裏に型紙をあてて出来上がり線を印つけし、縫い代を1cmつけて周囲をカット。縫い代は片倒しにする。

❸

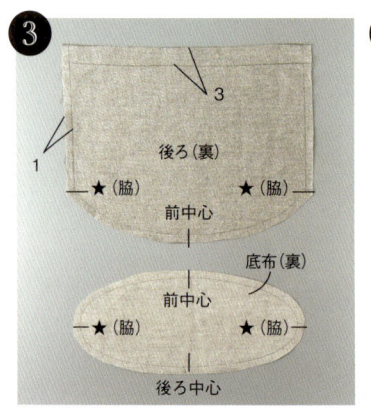

3

後ろ(裏)

1

★(脇)　★(脇)
前中心

底布(裏)

前中心

★(脇)　★(脇)

後ろ中心

後ろと底布を用意。後ろの口側は縫い代3cm、その他は1cmの縫い代をつけて裁つ。後ろと底布ともに、前・後ろ中心と★(脇)の合印をつける。

❹

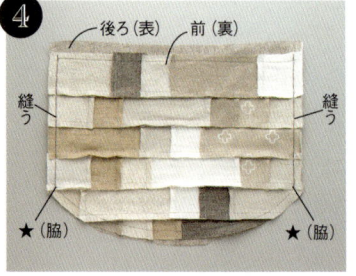

後ろ(表)　前(裏)

縫う　縫う

★(脇)　★(脇)

前と後ろを中表に合わせ、両脇を縫う。このとき、★(脇)の印で縫いとめる。両脇の縫い代を割る。

❺

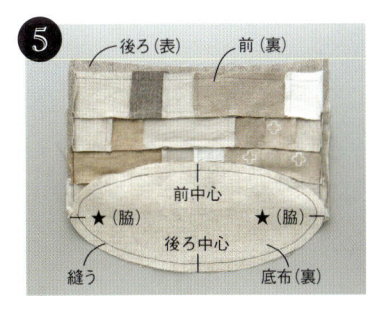

前・後ろ中心と★（脇）の合印を合わせて底布を中表に重ね、縫い合わせる。

❻

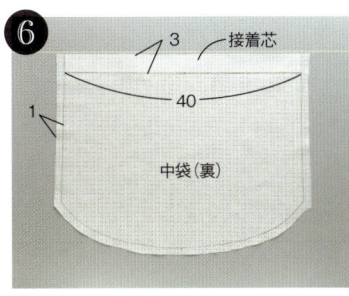

中袋用布を2枚用意。口側に3cmの縫い代をつけ、40×3cmにカットした接着芯を貼る。中袋にも前・後ろ中心と★（脇）の合印を忘れずに。

❼

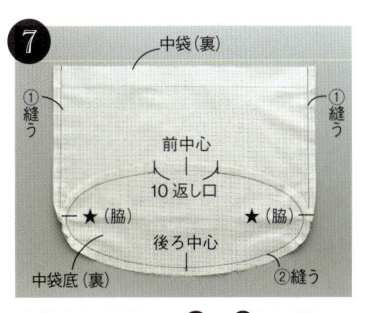

中袋底布を用意し、❹〜❺と同様にして中袋を作る（①両脇②底の順に縫う）。底の前中心側に返し口を残しておく。

❽

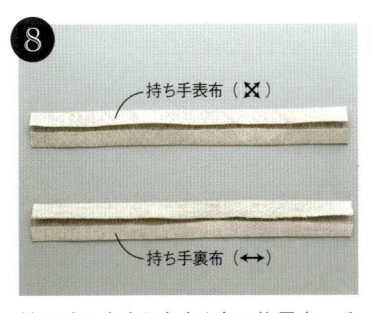

持ち手の表布と裏布を各2枚用意。それぞれ折り位置で外表に折り、アイロンをあてる。

❾

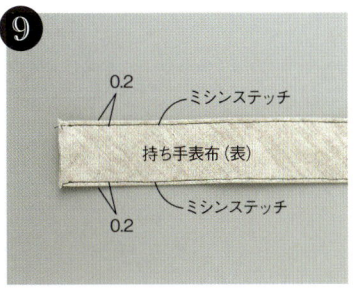

表布と裏布を外表に重ね、両端をミシンステッチで押さえる。もう1組の表布と裏布も同様にする。

❿

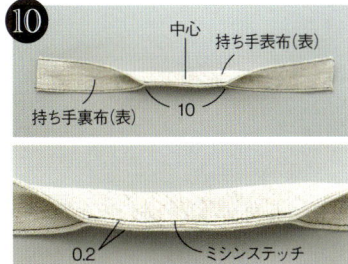

持ち手を外表にして中央部分を半分に折り、ミシンステッチで押さえる。もう1本の持ち手も同様にする。

⓫

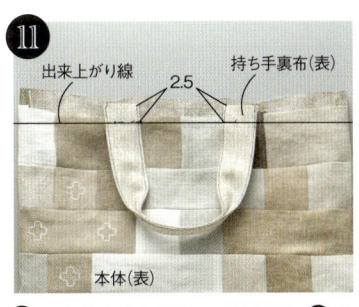

❺の本体を表に返し、つけ位置に❿の持ち手を仮どめする。持ち手の両端は、口の出来上がり線より2.5cm外に出して重ねる。

⓬

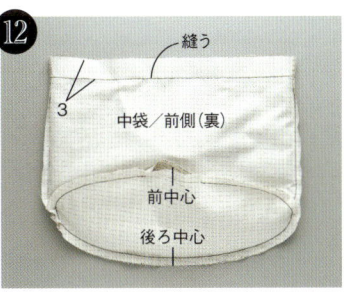

本体と中袋を中表に重ねて、口の出来上がり線上をぐるりと縫い合わせる。

⓭

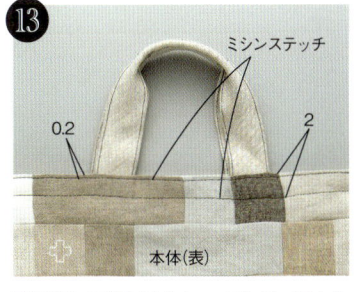

表に返して返し口をまつってとじ、口から2mm下側と2cm下側にミシンステッチを2本入れる。ステッチする前に口にしつけ掛けしておくと縫いやすい。

⓮

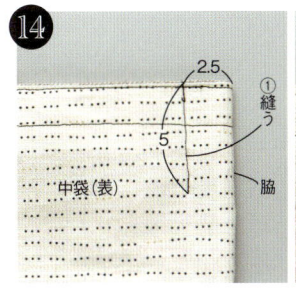

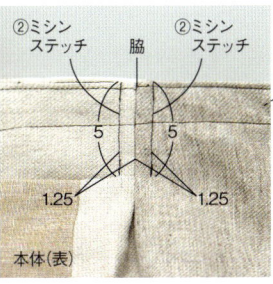

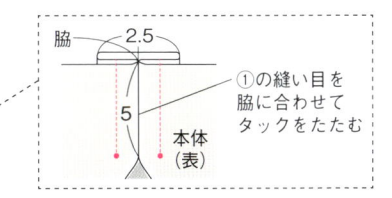

①本体を裏に返して脇から2.5cm内側を前と後ろ一緒に縫い、タックをとる（左）。②表に返して上図のようにタックをたたみ、脇の両側をミシンステッチ。反対側の脇も同様にして完成。

My favorite cloth
布のこと

布はどんなものでも好きです。天然素材はもちろん、シルクや化繊、レースなど、ときには紙やナイロンも。好みの色や柄に出合うと買わずにいられません。どうしようかと迷うことはなく、自分の直感を信じて即決。そしてそのときには布をどう使うのか、頭の中ではデザインが膨らんでいます。

布との出合いも一期一会。今使えなくても、いつかくる出番のために、「好き」と感じたものは手に入れるようにしています。そしてどんどんストックが増えているのですが。

最近のお気に入りは、ペーパーファブ。32ページからご紹介している「記憶のカケラ」シリーズで活躍する素材です。これを使ってどんなパーツを入れようか、あれこれ思いを巡らせる時間はとても楽しいものです。捨てられずに残しておいたはぎれやボタン、リボン、包装紙、旅先から持ち帰った絵葉書やコインなど、素材はどこにでもあるはず。不思議とそのときどきの思い出もとじこめているような気分になれます。

《 コットン・ストライプ＆チェック 》

シンプルでスマートな印象でとても活躍します。使うときは、単調にならないように気をつけています。ストライプなら、ピンストライプや幅広のストライプの他、バイアス裁ちにしたピースをミックス。チェックもギンガムチェックもあれば不規則なチェックもあるので、さまざまな色柄を組み合わせ、変化をつけるようにしています。

《 ウール 》

いつでも使えるよう、常にストックしている素材のひとつです。特に紳士物のスーツやジャケットに使われる目の詰まったウールは、薄くて扱いやすいので気に入っています。他には起毛したウールやストライプ、ヘリンボーン・ツイードなどもすてきです。なるべく毛100％のものを選び、使用前には当て布をしながらスチームアイロンで地直しするのがポイント。

《 リネン 》

厚手と薄手では、仕上がりの表情が大きく変わるリネン。しっかりと形をキープさせたいときには厚手を、しなやかでやわらかく仕上げたいときは薄手を選びます。布端がほつれやすいものもあるので、縫い代は多めにとり、縫った後にカットします。また、薄手は縫い代が表に透けるので、縫い代をきれいに切り揃えましょう。

Cotton

Wool

Linen

How to make
作品の作り方

- 図中の数字の単位は㎝（センチメートル）です。
- 布の用尺の表記は巾×長さです。
- 図中のアルファベット「S」はステッチの略です。
- 構成図や図案の寸法には、特に表記のない限り、縫い代は含みません。
- 特記がない場合の縫い代は1㎝です。裁ち切りと表示がある場合は、縫い代をつけずに記載の寸法で裁ちます。
- 指示のない点線は、縫い目やキルティングを示しています。
- キルティングをする作品の場合、縫い縮みが生じるため、間にはさむキルト綿や裏側に重ねる裏打ち布は大きめに用意して使い、キルティングした後で記載の寸法に合わせて裁ちます。
- 作品の出来上がりは、図の寸法と多少の差が出ることがあります。
- 本書に出てくる刺しゅうの刺し方や巻きかがりなど、ぐし縫い（並縫い）以外の縫い方は、69ページを参照してください。
- 掲載の型紙には、50％に縮小した図案があります。「50％縮小図案」と記載のあるものは、コピー機の設定画面で拡大率を200％に変えてからコピーします。紙はB4サイズ以上を選ぶのがおすすめ。実物大図案は拡大率100％でコピーして使用してください。

材料

- ピーシング用ストライプ、チェックはぎれ各種
- 土台用布45×70㎝
- 底布(肩ひも表布、リボン分含む)35×115㎝
- 中袋用布(肩ひも裏布、内ポケット分含む)
  70×115㎝

作り方のポイント

- 前後の配色は6～7ページを参考に、ストライプとチェックの柄行きに変化をつけて配色する。
- 土台用布は、シーチングなど薄手のコットンを選ぶ。
- ❶-①で表布をピーシングした後、縫い代を片倒しし、アイロンでおさえておく。

▶前・後ろの型紙はP.67

前・後ろ(各1枚)

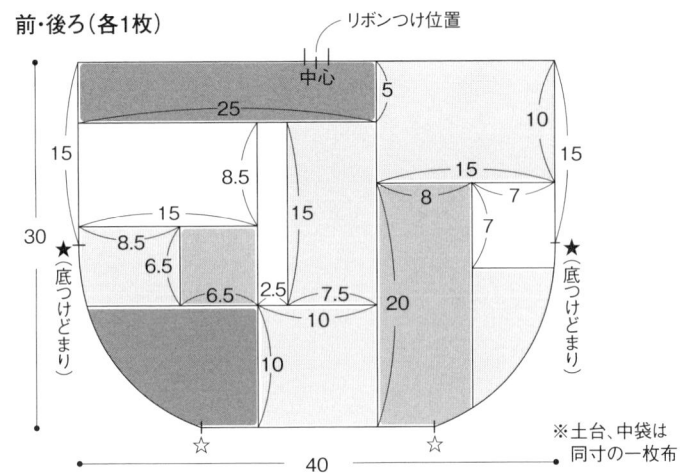

※土台、中袋は同寸の一枚布

底(1枚)

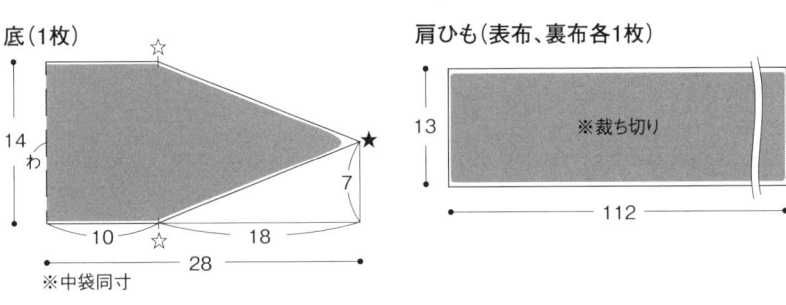

※中袋同寸

肩ひも(表布、裏布各1枚)

※裁ち切り

リボン(2本)

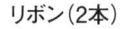

※裁ち切り

<リボンの作り方>

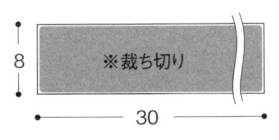

<肩ひもの作り方>

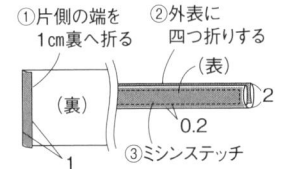

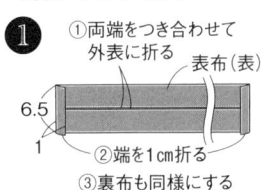

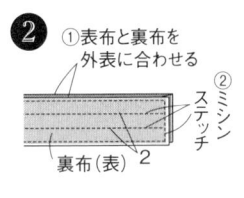

内ポケット(1枚)

10返し口
わ

<内ポケットの作り方>

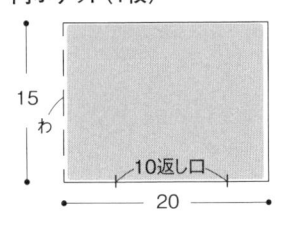

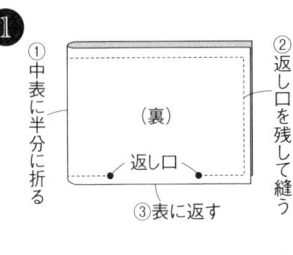

<作り方>

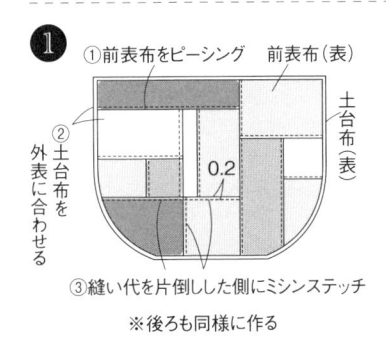

※後ろも同様に作る

※中袋も同様に作る

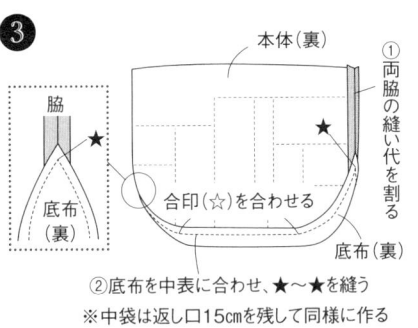

※中袋は返し口15cmを残して同様に作る

中心

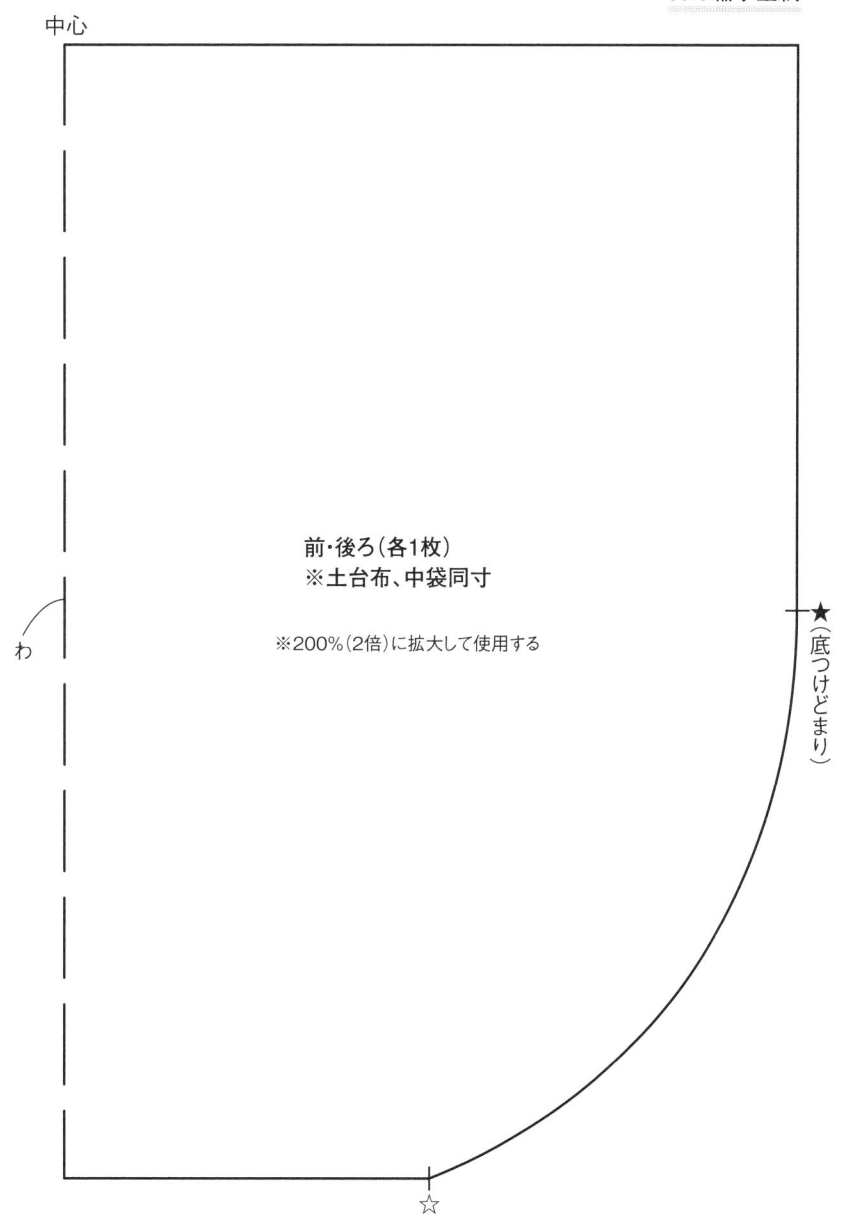

わ

前・後ろ(各1枚)
※土台布、中袋同寸

※200%(2倍)に拡大して使用する

★
(底つけどまり)

☆

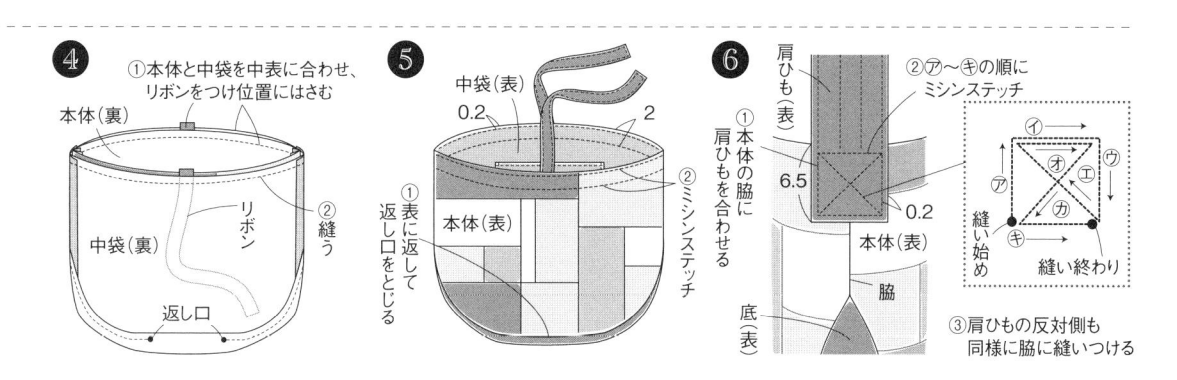

❹ ①本体と中袋を中表に合わせ、
リボンをつけ位置にはさむ

本体(裏)

リボン

中袋(裏)

②縫う

返し口

❺ 中袋(表)
0.2

2

本体(表)

①表に返して
返し口をとじる

②ミシンステッチ

❻ 肩ひも
②⑦～⑦の順に
ミシンステッチ

①本体の脇に
肩ひもを合わせる

肩ひも(表)

6.5

0.2

本体(表)

底
(表)

脇

⑦
⑦
⑦
⑦
⑦
⑦
⑦

縫い始め

縫い終わり

③肩ひもの反対側も
同様に脇に縫いつける

02. 六角形と五角形の手さげバッグ P.08

材料

- 側面A用はぎれ各種
- 側面B用布(持ち手用布分含む)50×40cm
- 側面C用布(側面D、底、中袋c用布分含む)
  50×110cm
- 中袋b用布(中袋d、中袋底用布分含む)
  110×40cm
- 裏打ち布、キルト綿各100×50cm
- 片面接着キルト綿35×15cm

作り方のポイント

- 側面Aは8〜9ページを参照してピース⑦を好みの配色で接ぎ、一枚布にまとめる。
- 巻きかがりの縫い方は69ページを参照。

▶ピース⑦と側面B〜Dの型紙はP.69

持ち手(2本)

<持ち手の作り方>

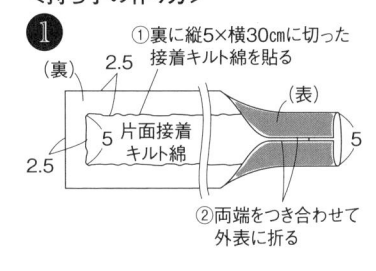

❶
①裏に縦5×横30cmに切った接着キルト綿を貼る
片面接着キルト綿
②両端をつき合わせて外表に折る

❷
①外表に四つ折りする
②ミシンステッチ

側面A(3枚)

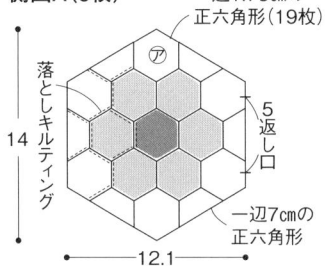

一辺1.75cmの正六角形(19枚)
落としキルティング
一辺7cmの正六角形
5 返し口
14
12.1

側面B(3枚)・底(1枚)

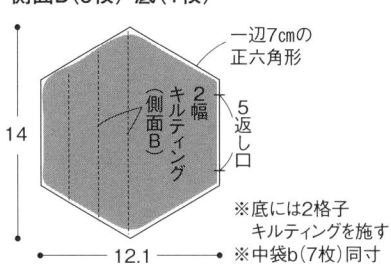

一辺7cmの正六角形
2幅キルティング(側面B)
5 返し口
14
12.1
※底には2格子キルティングを施す
※中袋b(7枚)同寸

側面C(6枚)

2幅キルティング
返し口
7
3.5
12.1
※中袋c(6枚)同寸

側面D(6枚)

一辺7cmの正五角形
角を結んで星形にキルティング
10.7
5 返し口
11.2
※中袋d(6枚)同寸

<側面Aの作り方> ※側面B〜D、底も共通

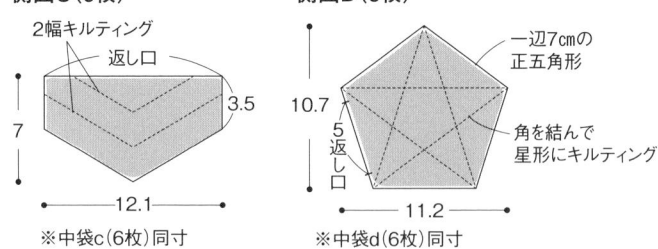

❶
①表布の裏に裁ち切りのキルト綿を仮どめする
裏打ち布(表)
表布(裏)
キルト綿
返し口
③返し口を残して縫う
②表布と裏打ち布を中表に合わせる

❷
側面A(表)
①表に返して返し口をとじる
②キルティングする
※側面Cの返し口はとじずにあけておく

<本体の構成図> ※( )は中袋のパーツ

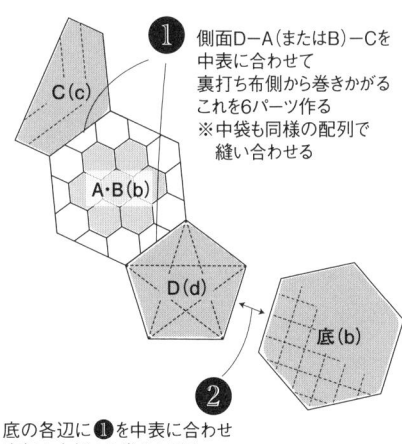

❶
側面D−A(またはB)−Cを中表に合わせて裏打ち布側から巻きかがるこれを6パーツ作る
※中袋も同様の配列で縫い合わせる

❷
底の各辺に❶を中表に合わせ裏打ち布側から巻きかがる
※中袋は4辺のみに縫い合わせ残りの2辺分は返し口にする

❸
各辺をつき合わせて裏打ち布側から巻きかがる
※中袋も同様の配列で縫い合わせる

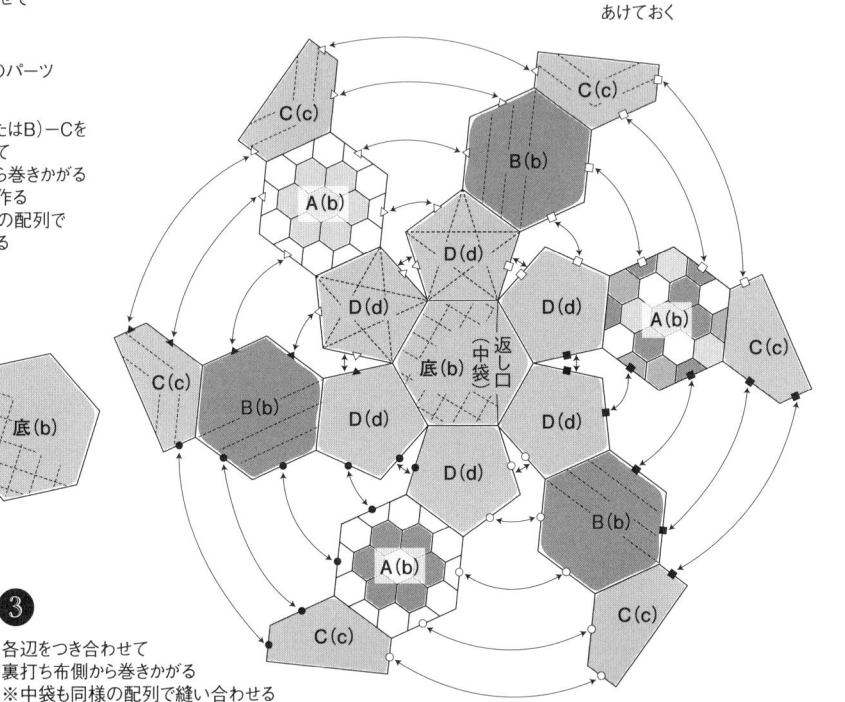

<作り方>

❶

①〈本体の構成図〉を参照して側面と底を巻きかがり、表に返す

出来上がり線
②持ち手を仮どめする
中心
2.5　5　5　2.5
本体（表）

❷

①本体と中袋を中表に合わせる
②縫う
本体（裏）
中袋（裏）
③中袋底に残した返し口から表に返す

❸

②ミシンステッチ
0.2
1
①返し口をとじる
本体（表）

側面 B〜D の 50% 縮小型紙

返し口
側面C（6枚）
※中袋c同寸
※200%（2倍）に拡大して使用する

ピース㋐の実物大型紙

ピース㋐（57枚）
※実物大型紙

返し口
側面B（3枚）
底（1枚）
※中袋b同寸
※200%（2倍）に拡大して使用する

返し口
側面D（6枚）
※中袋d同寸
※200%（2倍）に拡大して使用する

縫い方レッスン ｜ 本書に出てくる縫い方のポイントと刺しゅうの刺し方

巻きかがり
布
2枚の布の端を垂直にすくう

星どめ
3出　2入　0.1
1出

アウトライン・S
1出　3出
図案線　2入

クロス・S
1出　3出　　7出　5出　3出
2入　　　　2入　6入　4入

ストレート・S
1出
図案線　3出　2入

コの字とじ
布のわ
1出
3出　2入　　5出　4入
3出
両端の布のわを交互にすくう

フレンチノット・S
2回巻きつける
1出　　2入　1出

ブランケット・S
3出　1出
2入

ランニング・S
2入
1出　図案線
3出

03. マニッシュなリボンポーチ P.10

材料

- 前用チェック(後ろ分含む)40×40cm
- リボン用ストライプ2種各25×30cm
- 中袋用布25×35cm
- 長さ20cmファスナー1本

作り方のポイント

- <作り方>❹ー②でファスナーを重ねるとき、上止金具を口の端に合わせてファスナーを沿わせる。下止金具側の方に余分を寄せる。

▶前上部・下部、リボンA・B、後ろの型紙はP.71

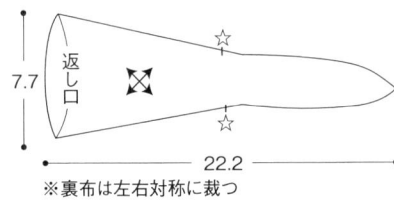

前上部(1枚)
ファスナーつけ位置
中心
接ぐ
6.1
20

前下部(1枚)
☆ ★
8.5
接ぐ
中心
ダーツ 中心 ダーツ
20.3

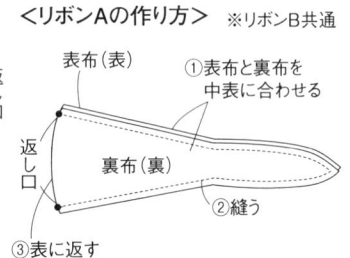

後ろ(1枚)
ファスナーつけ位置
中心
14.6
ダーツ ダーツ
21
※中袋(2枚)同寸

リボンA(表布、裏布各1枚)
返し口
7.7
22.2
※裏布は左右対称に裁つ

リボンB(表布、裏布各1枚)
5.7
返し口
18.5
※裏布は左右対称に裁つ

<リボンAの作り方> ※リボンB共通
表布(表)
①表布と裏布を中表に合わせる
返し口
裏布(裏)
②縫う
③表に返す

<前の作り方>

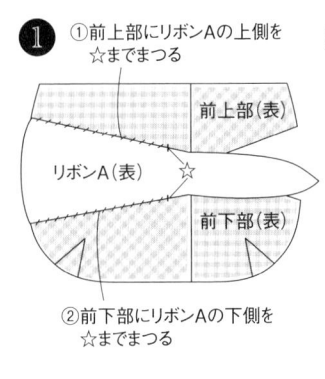

❶ ①前上部にリボンAの上側を☆までまつる
前上部(表)
リボンA(表)
前下部(表)
②前下部にリボンAの下側を☆までまつる

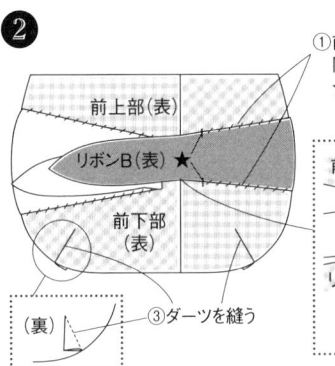

❷ ①前上部と下部に❶と同様にしてリボンBを★までまつる
前上部(表)
リボンB(表)★
前下部(表)
(裏)
③ダーツを縫う

前上部 リボンB
リボンA 前下部
②前上部と下部を縫いとめる

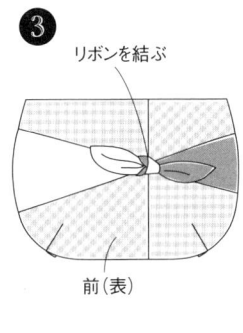

❸ リボンを結ぶ
前(表)

<作り方>

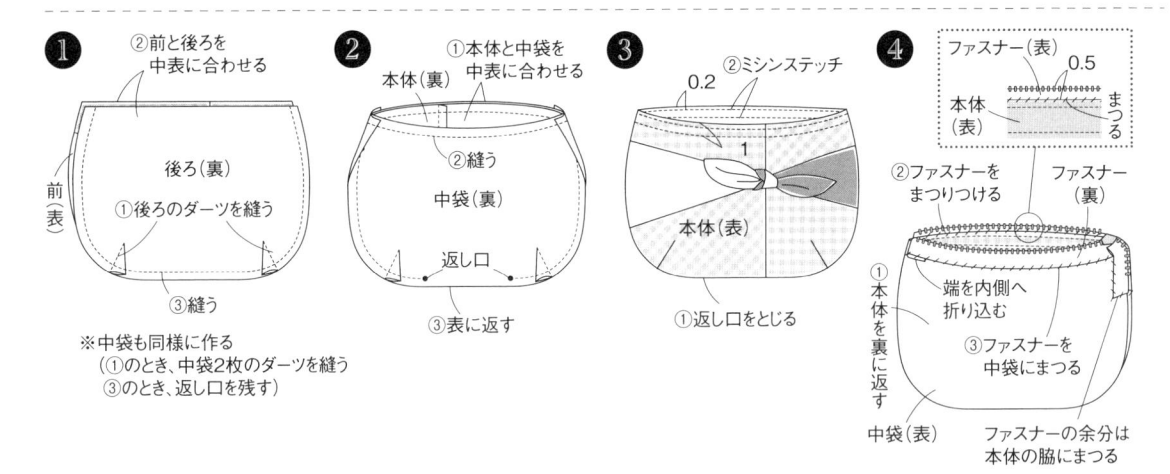

❶ ②前と後ろを中表に合わせる
後ろ(裏)
前(表)
①後ろのダーツを縫う
③縫う
※中袋も同様に作る
(①のとき、中袋2枚のダーツを縫う
③のとき、返し口を残す)

❷ ①本体と中袋を中表に合わせる
本体(裏)
②縫う
中袋(裏)
返し口
③表に返す

❸ ②ミシンステッチ
0.2
1
本体(表)
①返し口をとじる

❹ ファスナー(表) 0.5
本体(表) まつる
②ファスナーをまつりつける
ファスナー(裏)
①端を内側へ折り込む
①本体を裏に返す
③ファスナーを中袋にまつる
中袋(表)
ファスナーの余分は本体の脇にまつる

前と後ろの 50% 縮小型紙

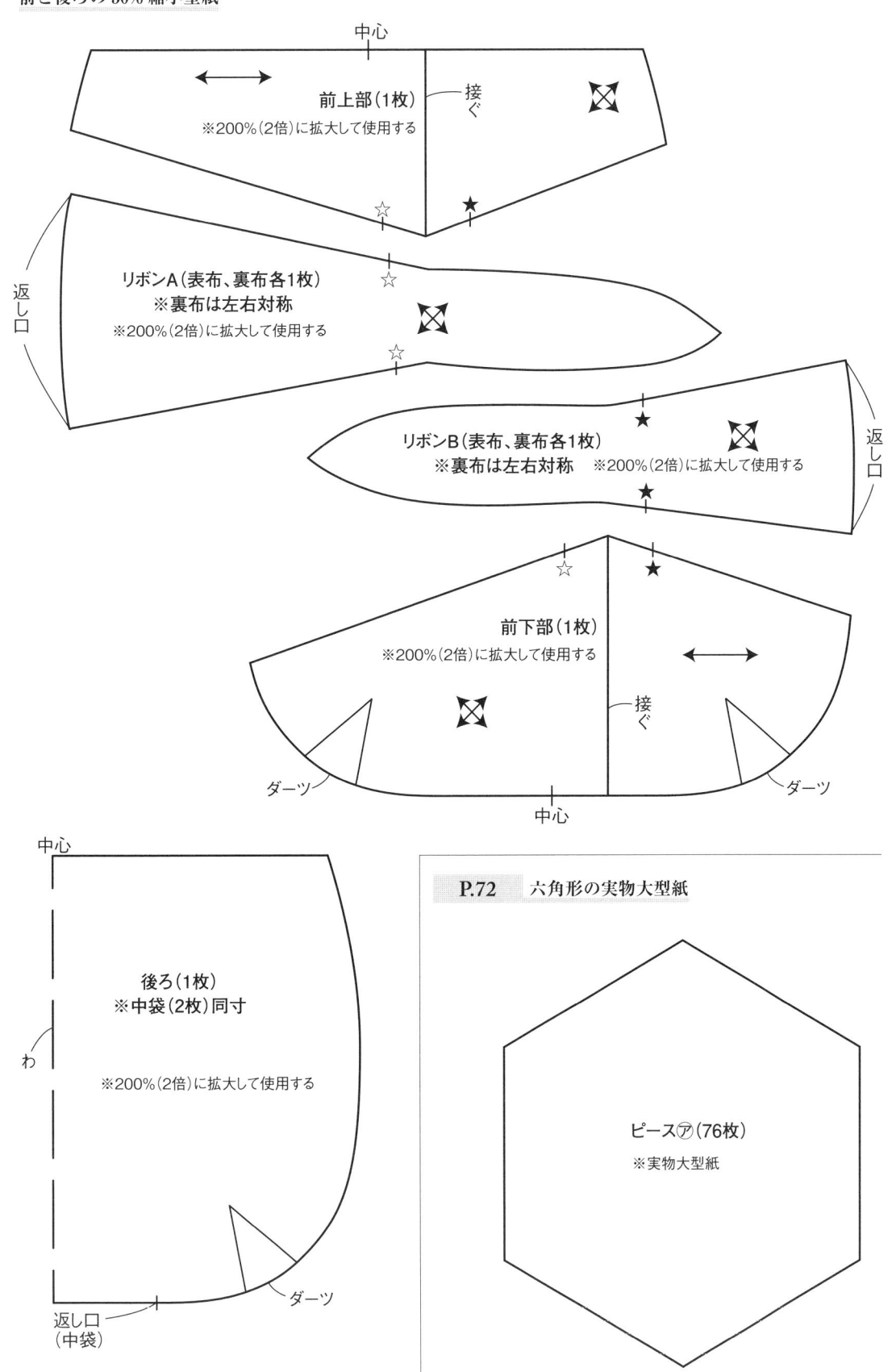

中心

← →

前上部(1枚)
※200%(2倍)に拡大して使用する

接ぐ

☆　★

返し口

リボンA(表布、裏布各1枚)
※裏布は左右対称
※200%(2倍)に拡大して使用する

☆

☆

リボンB(表布、裏布各1枚)
※裏布は左右対称　※200%(2倍)に拡大して使用する

★

★

返し口

☆　★

前下部(1枚)
※200%(2倍)に拡大して使用する

接ぐ

← →

ダーツ

ダーツ

中心

中心

後ろ(1枚)
※中袋(2枚)同寸

※200%(2倍)に拡大して使用する

わ

ダーツ

返し口
(中袋)

P.72　六角形の実物大型紙

ピース㋐(76枚)
※実物大型紙

材料

- 1段目用黒無地(持ち手、見返し分含む) 60×40㎝
- 3・5・7段目用黒無地3種、 2・4・6用ストライプ3種各20×50㎝
- 中袋用布(内ポケット分含む)70×50㎝
- 裏打ち布70×35㎝
- 片面接着キルト綿65×35㎝
- レース糸青適宜

作り方のポイント

- 黒無地は、同色でありながら織り模様や質感が違うものを4種用意する。
- 前・後ろは、横に並ぶピースに同じ布を使い、黒地とストライプの段を交互に配して一枚布にする。
- ストライプは、縞の向きをランダムに変えて接ぎ合わせる。
- ランニング・Sの刺し方は69ページを参照。

▶ピース㋐の型紙はP.71

前・後ろ(各1枚)

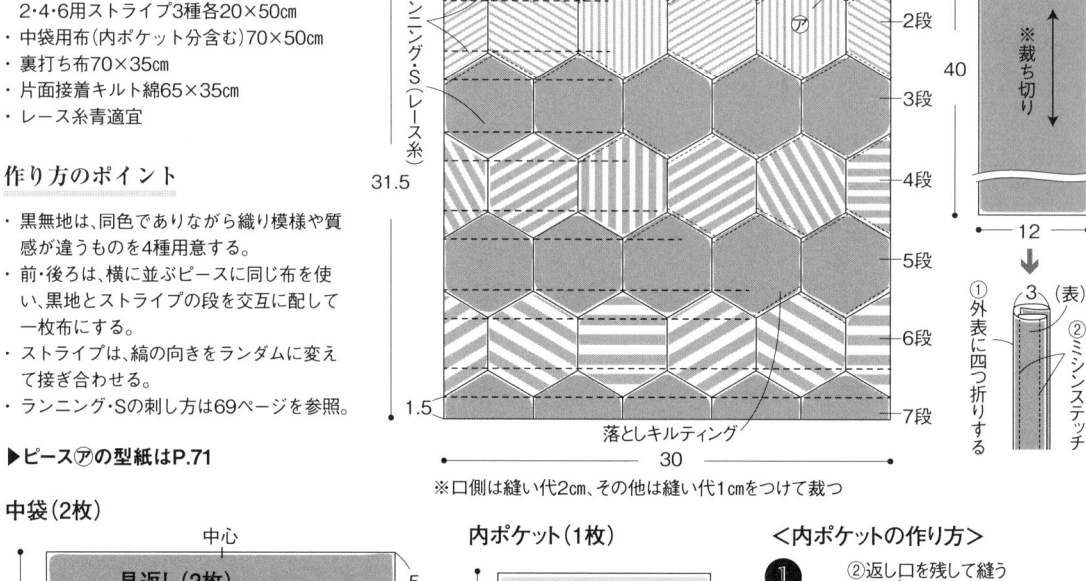

持ち手つけ位置　4.5　4.5
一辺3.5 ㎝正六角形 (前・後ろ計76枚枚)
中心
ランニング・S(レース糸)
1段 / 2段 / 3段 / 4段 / 5段 / 6段 / 7段
㋐
2
31.5
1.5
落としキルティング
30
※口側は縫い代2㎝、その他は縫い代1㎝をつけて裁つ

持ち手(2本)

※裁ち切り
40
12
①外表に四つ折りする
3 (表)
②ミシンステッチ

中袋(2枚)

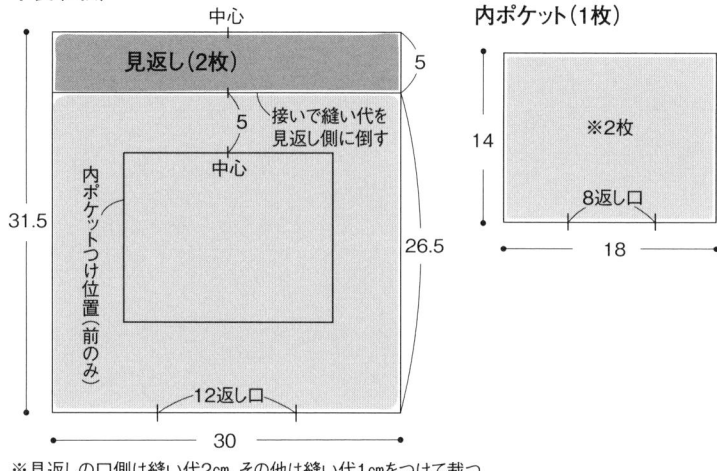

中心
見返し(2枚)
5
5
接ぎで縫い代を見返し側に倒す
中心
内ポケットつけ位置(前のみ)
31.5
26.5
12返し口
30
※見返しの口側は縫い代2㎝、その他は縫い代1㎝をつけて裁つ

内ポケット(1枚)

※2枚
14
8返し口
18

<内ポケットの作り方>

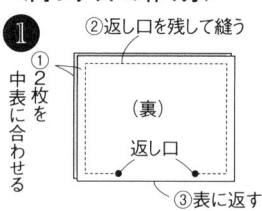

❶ ②返し口を残して縫う
①2枚を中表に合わせる
(裏)
返し口
③表に返す

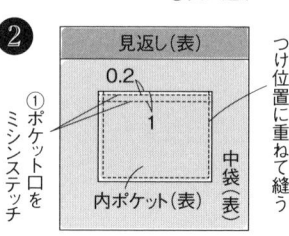

❷ 見返し(表)
0.2
1
①ポケット口をミシンステッチ
②見返しのつけ位置
②見返しを接いだ中袋のつけ位置に重ねて縫う
内ポケット(表)
中袋(表)

<作り方>

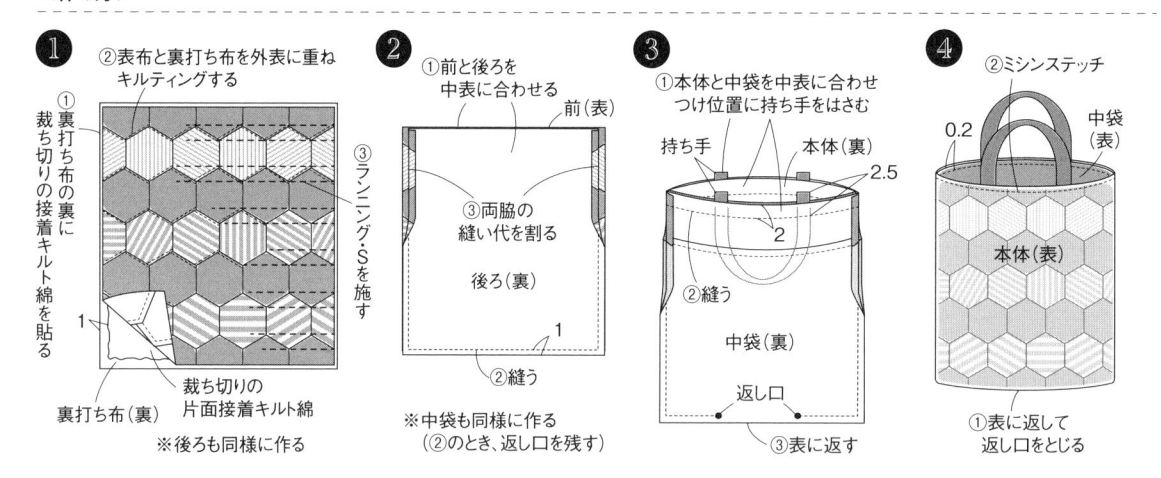

❶ ②表布と裏打ち布を外表に重ねキルティングする
①裏打ち布の裏に裁ち切りの接着キルト綿を貼る
③ランニング・Sを施す
1
裏打ち布(裏)
裁ち切りの片面接着キルト綿
※後ろも同様に作る

❷ ①前と後ろを中表に合わせる
前(表)
③両脇の縫い代を割る
後ろ(裏)
1
②縫う
※中袋も同様に作る (②のとき、返し口を残す)

❸ ①本体と中袋を中表に合わせつけ位置に持ち手をはさむ
持ち手
本体(裏)
2.5
2
②縫う
中袋(裏)
返し口
③表に返す

❹ ②ミシンステッチ
中袋(表)
0.2
本体(表)
①表に返して返し口をとじる

材料

- ピーシング用ストライプ16種各40×40cm
- 裏打ち布、薄手キルト綿各80×80cm
- 幅2.5cm持ち手用ナイロンテープ100cm

作り方のポイント

- ストライプ生地は16種を4枚ずつピースに裁ち、計64枚用意する。
- 表布を接ぎ合わせるときは布目の方向にこだわらず、縞の向きをランダムに変えるとよい（12ページ、作品写真を参照）。
- 表布の縫い代は片倒しにする。
- 巻きかがりの縫い方は69ページを参照。

本体（1枚）

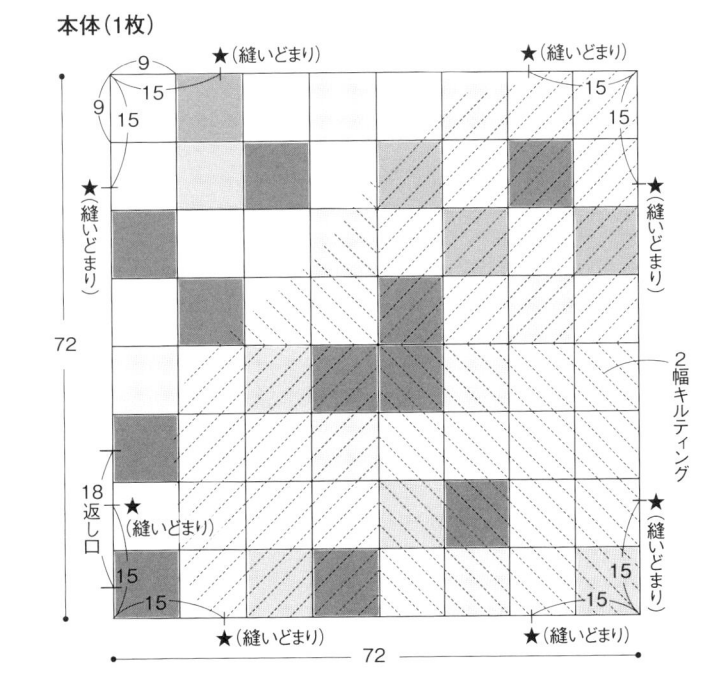

＜作り方＞

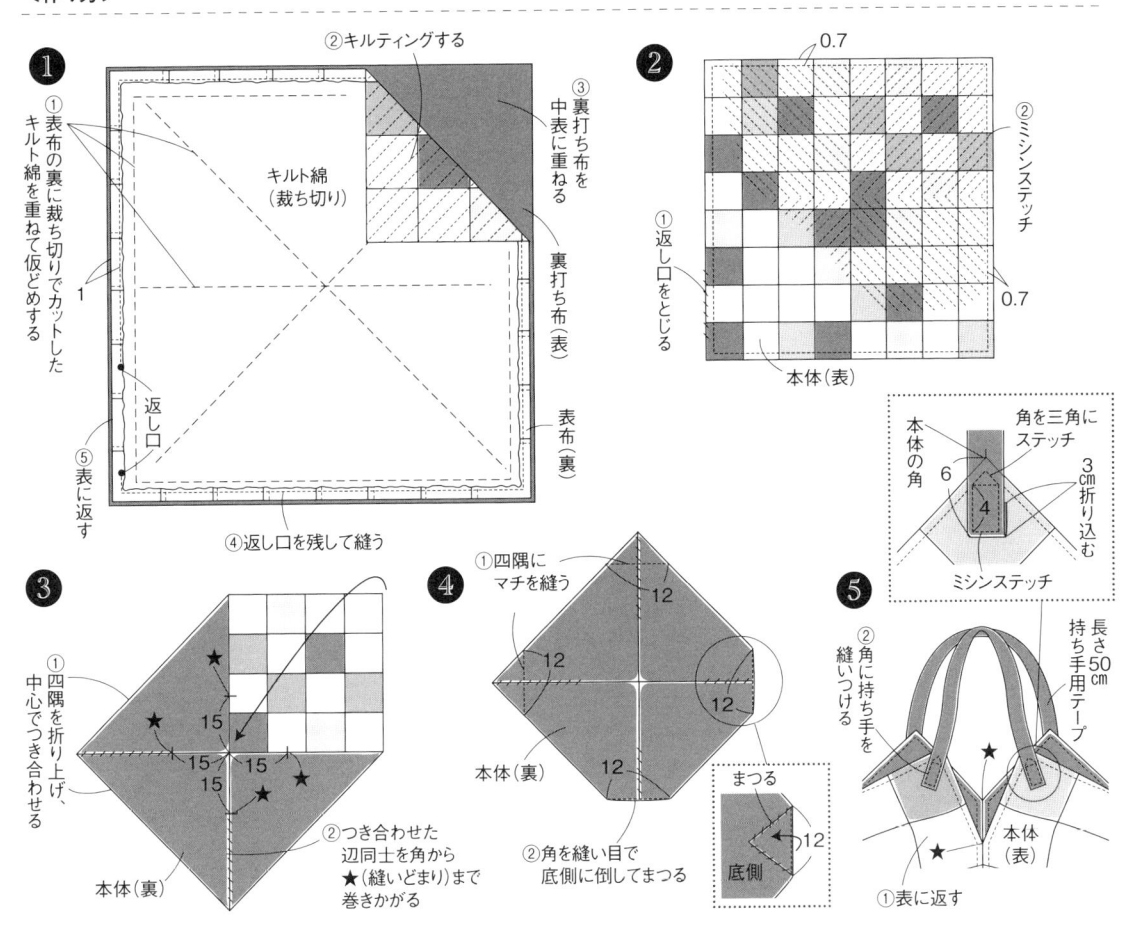

06. スナップつなぎのネックレス P.14

材料

|丸のネックレス(ウール)|
- モチーフ用ウール赤20×20cm
- モチーフ用ウール黒15×15cm
- 幅1cm平テープ120cm
- 直径8.6mmスナップ赤7組
- 手芸綿適量

|四角のネックレス(リネン)|
- モチーフ用リネン
  ネイビー、こげ茶、黒、ブルーグレー
  (端始末用はぎれ分含む)各適宜
- 幅1.2cm平テープ160cm
- 直径8.6mmスナップ黒9組
- 手芸綿適量

作り方のポイント

- 「丸のネックレス」、「四角のネックレス」ともに、モチーフ布は縫い代を0.7cmつけて裁つ。
- 「四角のネックレス」のモチーフA〜Gは、75ページの型紙を参考に、1辺5cm前後で自由な形に変えてもよい。

▶「四角のネックレス」のモチーフ A〜Gの型紙はP.75

|丸のネックレス(ウール)|

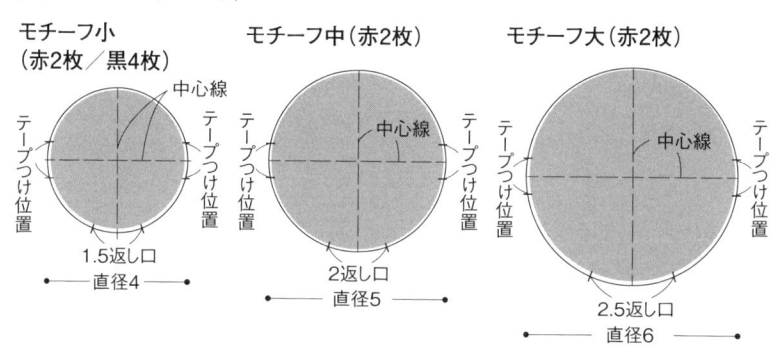

モチーフ小(赤2枚／黒4枚)／モチーフ中(赤2枚)／モチーフ大(赤2枚)
中心線・テープつけ位置・1.5返し口・直径4／2返し口・直径5／2.5返し口・直径6

<テープの作り方>

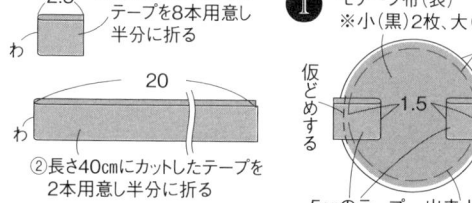

①長さ5cmにカットしたテープを8本用意し半分に折る
②長さ40cmにカットしたテープを2本用意し半分に折る

<モチーフの作り方> ※モチーフ小〜大共通

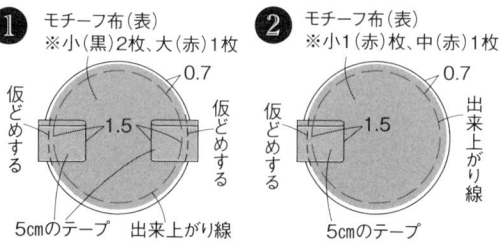

❶ モチーフ布(表) ※小(黒)2枚、大(赤)1枚
0.7 仮どめする 1.5 5cmのテープ 出来上がり線

❷ モチーフ布(表) ※小1(赤)枚、中(赤)1枚
0.7 仮どめする 1.5 出来上がり線 5cmのテープ

❸ ①同じ布、同じ形のもう1枚を中表に合わせる
(表)(裏)②返し口を残して縫う
返し口
③表に返す
※その他も同様に作る

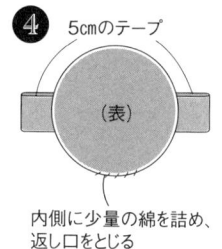

❹ 5cmのテープ (表)
内側に少量の綿を詰め、返し口をとじる
※その他も同様に作る

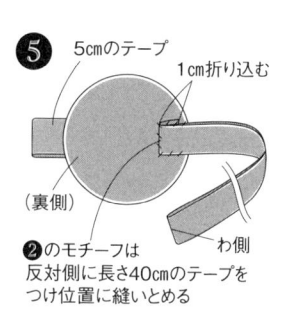

❺ 5cmのテープ 1cm折り込む (裏側) わ側
❷のモチーフは反対側に長さ40cmのテープをつけ位置に縫いとめる

<作り方>

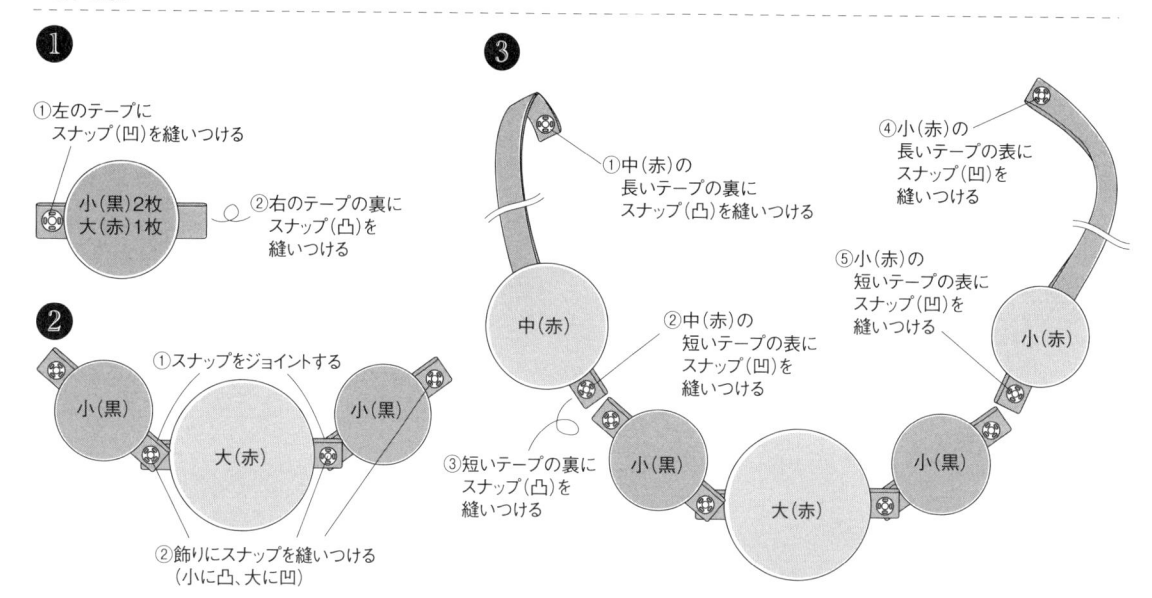

❶ ①左のテープにスナップ(凹)を縫いつける
小(黒)2枚 大(赤)1枚
②右のテープの裏にスナップ(凸)を縫いつける

❷ ①スナップをジョイントする
小(黒) 大(赤) 小(黒)
②飾りにスナップを縫いつける(小に凸、大に凹)

❸ ①中(赤)の長いテープの裏にスナップ(凸)を縫いつける
②中(赤)の短いテープの表にスナップ(凹)を縫いつける
③短いテープの裏にスナップ(凸)を縫いつける
④小(赤)の長いテープの表にスナップ(凹)を縫いつける
⑤小(赤)の短いテープの表にスナップ(凹)を縫いつける
中(赤) 小(黒) 大(赤) 小(黒) 小(赤)

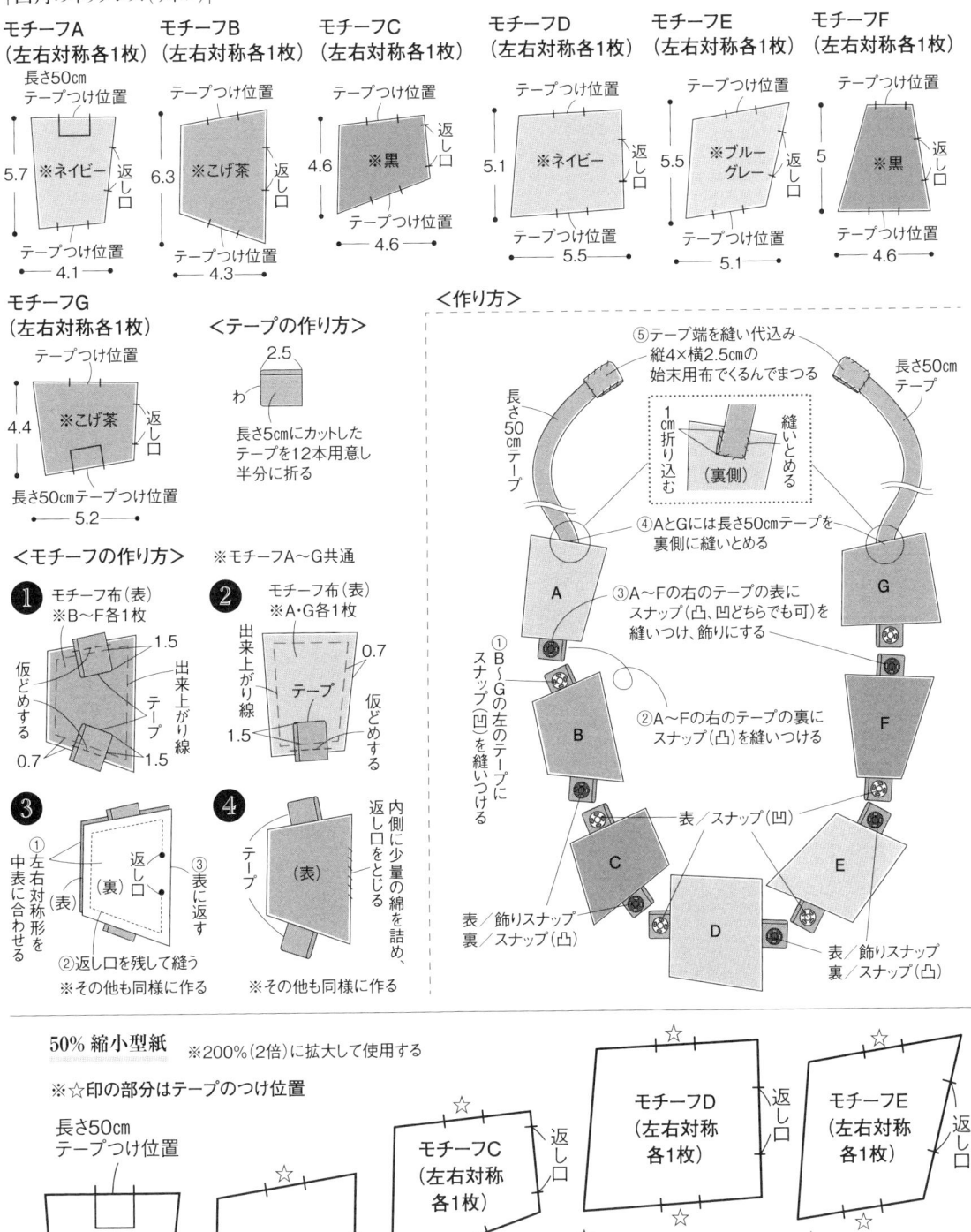

モチーフA
（左右対称各1枚）

長さ50cm
テープつけ位置
※ネイビー
返し口
5.7
テープつけ位置
— 4.1 —

モチーフB
（左右対称各1枚）

テープつけ位置
※こげ茶
返し口
6.3
テープつけ位置
— 4.3 —

モチーフC
（左右対称各1枚）

テープつけ位置
※黒
返し口
4.6
テープつけ位置
— 4.6 —

モチーフD
（左右対称各1枚）

テープつけ位置
※ネイビー
返し口
5.1
テープつけ位置
— 5.5 —

モチーフE
（左右対称各1枚）

テープつけ位置
※ブルーグレー
返し口
5.5
テープつけ位置
— 5.1 —

モチーフF
（左右対称各1枚）

テープつけ位置
※黒
返し口
5
テープつけ位置
— 4.6 —

モチーフG
（左右対称各1枚）

テープつけ位置
※こげ茶
返し口
4.4
長さ50cmテープつけ位置
— 5.2 —

＜テープの作り方＞

2.5
わ
長さ5cmにカットした
テープを12本用意し
半分に折る

＜作り方＞

⑤テープ端を縫い代込み
縦4×横2.5cmの
始末用布でくるんでまつる

1cm折り込む
（裏側）
縫いとめる

④AとGには長さ50cmテープを
裏側に縫いとめる

③A〜Fの右のテープの表に
スナップ（凸、凹どちらでも可）を
縫いつけ、飾りにする

①B〜Gの左のテープに
スナップ（凹）を縫いつける

②A〜Fの右のテープの裏に
スナップ（凸）を縫いつける

表／スナップ（凹）

表／飾りスナップ
裏／スナップ（凸）

表／飾りスナップ
裏／スナップ（凸）

長さ50cmテープ

A　G　B　F　C　D　E

＜モチーフの作り方＞　※モチーフA〜G共通

❶
モチーフ布（表）
※B〜F各1枚
1.5
仮どめする
出来上がり線
テープ
0.7　1.5

❷
モチーフ布（表）
※A・G各1枚
0.7
出来上がり線
テープ
仮どめする
1.5

❸
①左右対称形を中表に合わせる
返し口
（裏）
（表）
③表に返す
②返し口を残して縫う
※その他も同様に作る

❹
テープ
（表）
内側に少量の綿を詰め、返し口をとじる
※その他も同様に作る

50% 縮小型紙　※200%（2倍）に拡大して使用する

※☆印の部分はテープのつけ位置

長さ50cm
テープつけ位置

モチーフA
（左右対称各1枚）

モチーフB
（左右対称各1枚）

モチーフC
（左右対称各1枚）

モチーフD
（左右対称各1枚）

モチーフE
（左右対称各1枚）

モチーフF
（左右対称各1枚）

モチーフG
（左右対称各1枚）

返し口

長さ50cmテープつけ位置

07. ストライプ&チェックのティペット P.16

材料

- 表布用ストライプ、チェック各種
- 裏布グレー無地40×30cm
- ループ用布10×10cm
- 直径1.4cmボタン1個

作り方のポイント

- 表布は、16ページを参照して布目の方向にこだわらずストライプとチェックの柄行きをランダムに変えながら好みの分割で接ぎ合わせ、一枚布にする。

本体（表布、裏布各1枚）

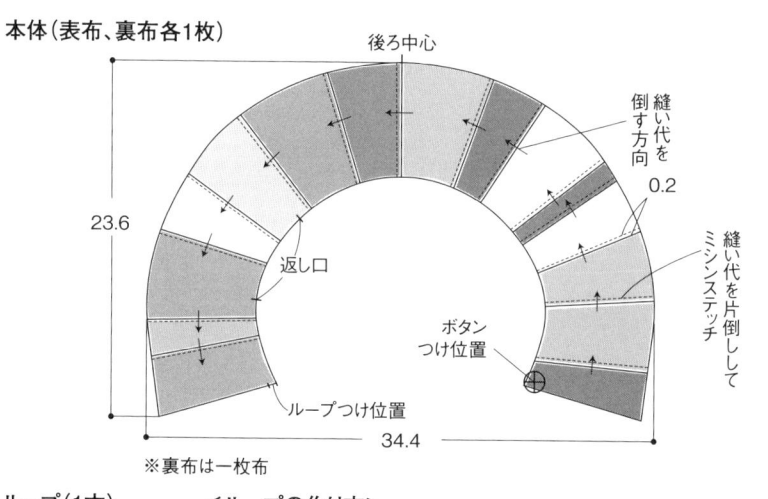

後ろ中心

縫い代を倒す方向

0.2

縫い代を片倒ししてミシンステッチ

23.6

返し口

ボタンつけ位置

ループつけ位置

34.4

※裏布は一枚布

ループ（1本）

2.5 ※裁ち切り

4

＜ループの作り方＞

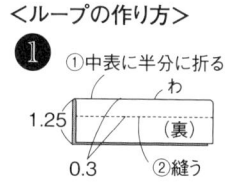

❶ ①中表に半分に折る
わ
1.25
（裏）
0.3 ②縫う

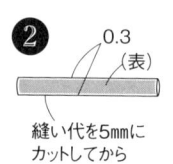

❷ 0.3
（表）
縫い代を5mmにカットしてから表に返す

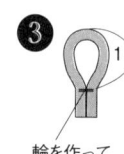

❸ 1.5
輪を作って仮どめする

本体の 50% 縮小型紙

後ろ中心

わ

本体（表布、裏布各1枚）
※200%(2倍)に拡大して使用する

返し口

ボタンつけ位置（左前側）

ループつけ位置（右前側）

＜作り方＞

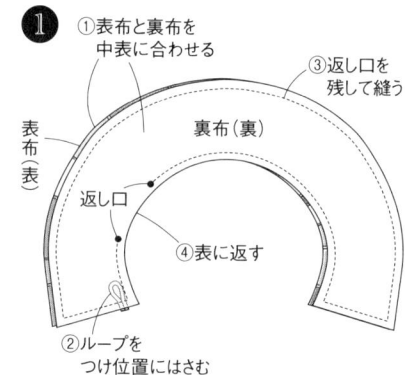

❶ ①表布と裏布を中表に合わせる
③返し口を残して縫う
表布（表）
裏布（裏）
返し口
④表に返す
②ループをつけ位置にはさむ

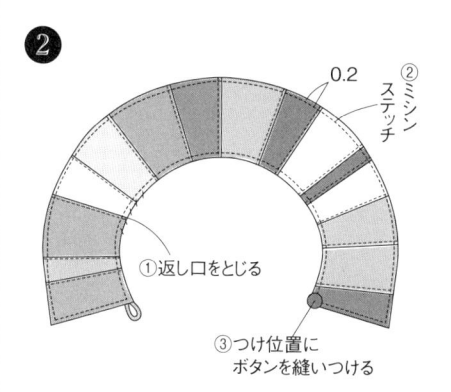

❷ 0.2
②ミシンステッチ
①返し口をとじる
③つけ位置にボタンを縫いつける

12. つつみボタンのネックレス P.22

材料

- 表布用ウール各種
- クロスステッチ用生地
  （3.5目／1cm、9カウント）10×10cm
- 土台用黒ウール25×20cm
- 直径4cmつつみボタン芯、厚紙各6枚
- 直径2.4cmつつみボタン芯、厚紙各3枚
- 直径1.8cmつつみボタン芯、厚紙各2枚
- 幅1.5cmプラスチック製チェーン17cm2本
- 幅1cm平テープ黒70cm
- モチーフ用フェルト、25番刺しゅう糸黒各適宜

作り方のポイント

- 前Bの表布は、1cmあたり3.5目（1インチあたり9目）のクロスステッチ用生地を使う。
- 前の作り方は、29ページ「13.つつみボタンのイヤリング」の作り方❶を、土台の作り方は❷を参照する。
- クロス・Sと巻きかがりの縫い方は69ページを参照。

前A（1枚）
裁ち切りのモチーフを縫い糸で縫いつける
※裁ち切り
←─ 直径7 ─→
※土台布同寸

前B（1枚）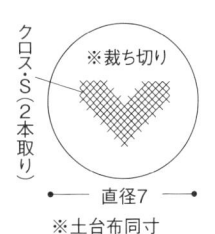
クロス・S（2本取り）
※裁ち切り
←─ 直径7 ─→
※土台布同寸

前C（4枚）
※裁ち切り
←─ 直径7 ─→
※土台布同寸

前D（3枚）
※裁ち切り
←─ 直径5.5 →
※土台布同寸

前E（2枚）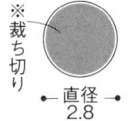
※裁ち切り
←─ 直径2.8 →
※土台布同寸

＜作り方＞

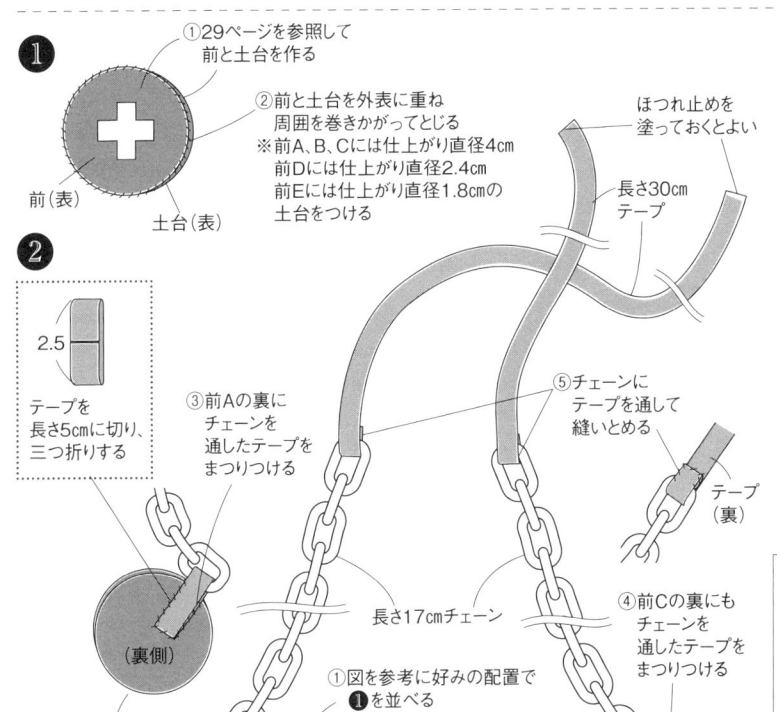

❶
①29ページを参照して前と土台を作る
前（表）
土台（表）

②前と土台を外表に重ね周囲を巻きかがってとじる
※前A、B、Cには仕上げ直径4cm
前Dには仕上げ直径2.4cm
前Eには仕上げ直径1.8cmの土台をつける

❷
2.5
テープを長さ5cmに切り、三つ折りする
（裏側）

③前Aの裏にチェーンを通したテープをまつりつける

長さ17cmチェーン

④前Cの裏にもチェーンを通したテープをまつりつける

①図を参考に好みの配置で❶を並べる
②各パーツを裏側から巻きかがり、ジョイントする

前A
前D
前C
前C
前D
前C
前C
前E
前B
前D
前E

ほつれ止めを塗っておくとよい
長さ30cmテープ

⑤チェーンにテープを通して縫いとめる
テープ（裏）

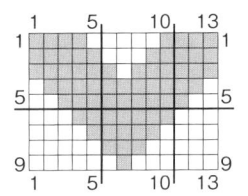

＜クロス・Sの図案＞

仕上がり寸法
約2.5cm（9目）×約3.7cm（13目）

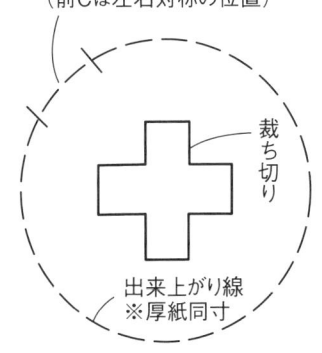

1　　5　　10　13
1
5
9
1　　5　　10　13

※仕上がり寸法は、クロスステッチ用生地（3.5目／1cm、9カウント）を使用したときの参考数値です。刺し加減によって変わります。

前Aのモチーフの実物大型紙

テープつけ位置
（前Cは左右対称の位置）

裁ち切り

出来上がり線
※厚紙同寸

14. ボタンのブレスレット P.24

材料

| ブラウン |
- 土台用リネン生成り15×10cm
- 幅1cm平テープ35cm
- 直径0.8cmスナップ1組
- 装飾用ボタン、ビーズ茶色各適宜

| ベージュ |
- 土台用リネン生成り15×10cm
  幅1cm平テープ40cm
- 直径0.8cmスナップ1組
- 装飾用ボタン、ビーズ白、生成り各適宜

| ブラウン |

土台（表布、裏布各1枚）

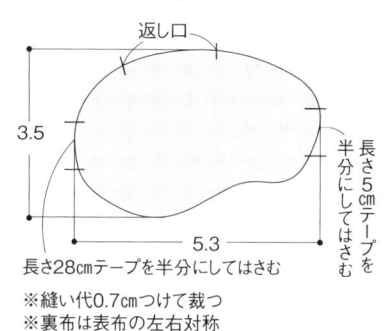

返し口
3.5
5.3
長さ5cmテープを半分にしてはさむ
長さ28cmテープを半分にしてはさむ

※縫い代0.7cmつけて裁つ
※裏布は表布の左右対称

| ベージュ |

土台（表布、裏布各1枚）

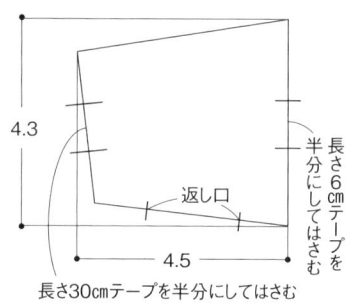

4.3
4.5
返し口
長さ6cmテープを半分にしてはさむ
長さ30cmテープを半分にしてはさむ

※縫い代0.7cmつけて裁つ
※裏布は表布の左右対称

＜作り方＞ ※2点共通、（ ）内はベージュの数値

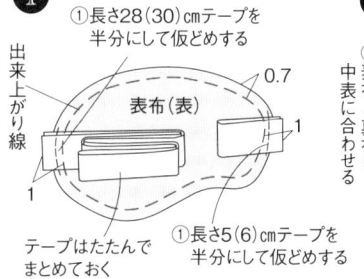

❶ ①長さ28（30）cmテープを半分にして仮どめする
出来上がり線
表布（表）
0.7
1
1
テープはたたんでまとめておく
①長さ5（6）cmテープを半分にして仮どめする

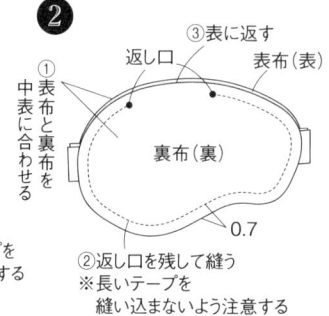

❷ ①表布と裏布を中表に合わせる
③表に返す
返し口
表布（表）
裏布（裏）
0.7
②返し口を残して縫う
※長いテープを縫い込まないよう注意する

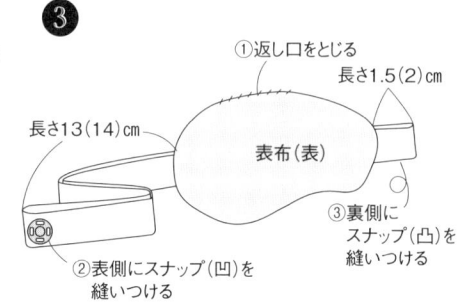

❸ ①返し口をとじる
長さ1.5（2）cm
長さ13（14）cm
表布（表）
②表側にスナップ（凹）を縫いつける
③裏側にスナップ（凸）を縫いつける

土台の実物大型紙

| ブラウン |

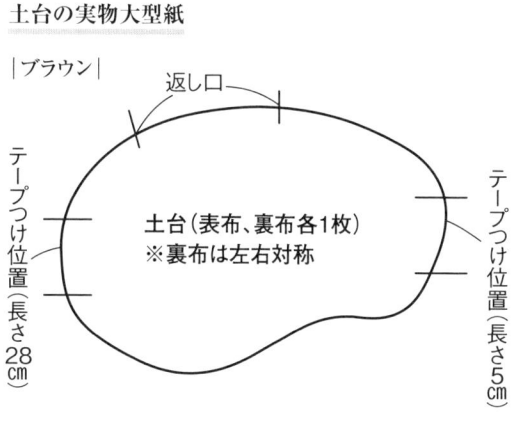

返し口
テープつけ位置（長さ28cm）
土台（表布、裏布各1枚）
※裏布は左右対称
テープつけ位置（長さ5cm）

| ベージュ |

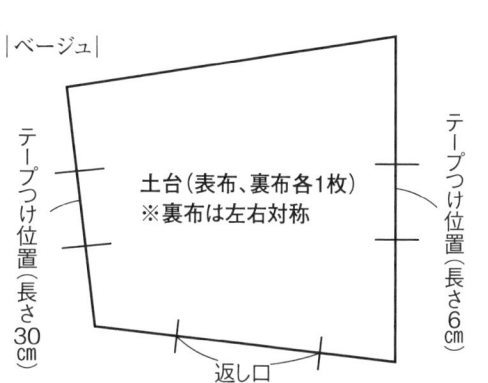

テープつけ位置（長さ30cm）
土台（表布、裏布各1枚）
※裏布は左右対称
テープつけ位置（長さ6cm）
返し口

❹ 好みのボタンを縫いつけて土台を隠す

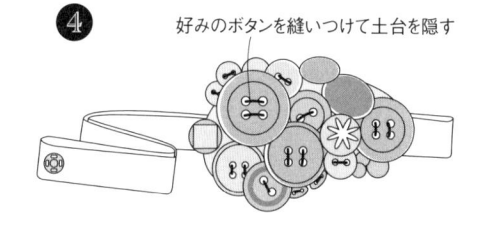

ベージュはベルトの表側にもボタンを縫いつける

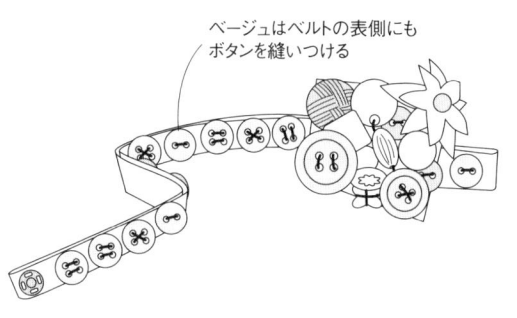

17. Blue color トートバッグ P.32

材料

- 土台用ペーパーファブ、ビニールクロス各90×100cm
- 4cm幅持ち手テープ100cm
- 封入素材各種

作り方のポイント

- 作り方の手順は40〜41ページ、「Lesson.2 記憶のカケラ・基本テクニック」、42〜43ページ、「How to make Multicolor ポーチ」を参照。
- 前と後ろを分割する仕切り線は、右図を参照しながら、封入する素材に合わせて自由に変える。

前・後ろ（各1枚）

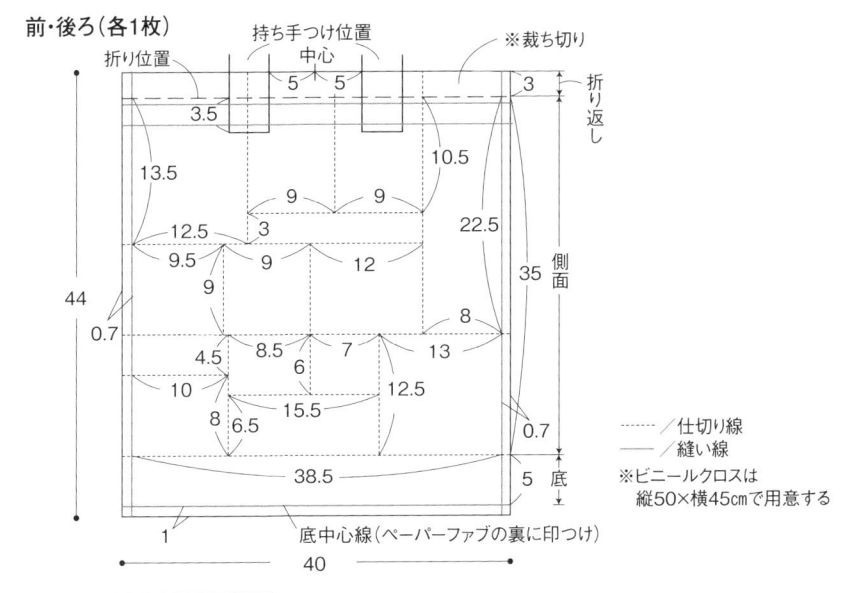

持ち手つけ位置／中心／折り位置／※裁ち切り／折り返し

13.5 10.5 9 9 12.5 3 9.5 9 12 22.5 35 側面 9 8 4.5 8.5 7 13 6 10 12.5 8 6.5 15.5 38.5 0.7 5 底

44
0.7
1
40

底中心線（ペーパーファブの裏に印つけ）

・・・・・・／仕切り線
———／縫い線

※ビニールクロスは縦50×横45cmで用意する

＜作り方＞

❶
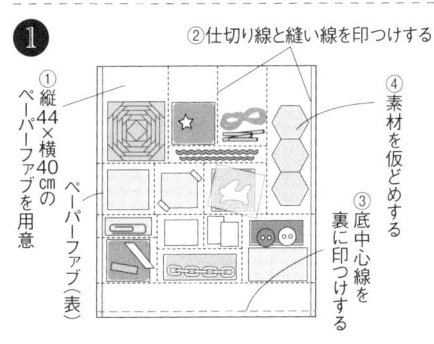

②仕切り線と縫い線を印つけする
①縦44×横40cmのペーパーファブを用意
④素材を仮どめする
③底中心線を裏に印つけする
ペーパーファブ（表）

❷

①縦50×横45cmのビニールクロスを重ねる
③口側のビニールクロスをペーパーファブに沿ってカット
②仕切り線上をミシンステッチ
ビニールクロス
前（表）

※後ろも同様に作る
P.42 ❶〜❷も参照

＜配置のポイントと素材の例＞

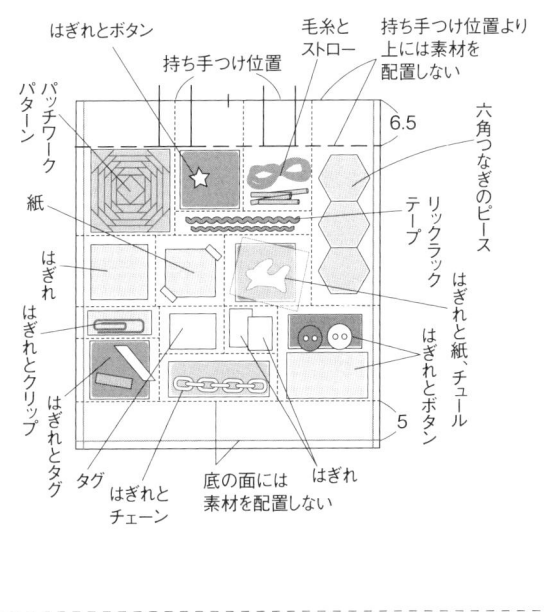

はぎれとボタン／持ち手つけ位置／毛糸とストロー／持ち手つけ位置より上には素材を配置しない
パッチワークパターン
6.5
六角つなぎのピース
紙
リックラックテープ
はぎれ
はぎれとクリップ
はぎれと紙、チュール
はぎれとボタン
はぎれとタグ
タグ
はぎれとチェーン
はぎれ
底の面には素材を配置しない
5

❸
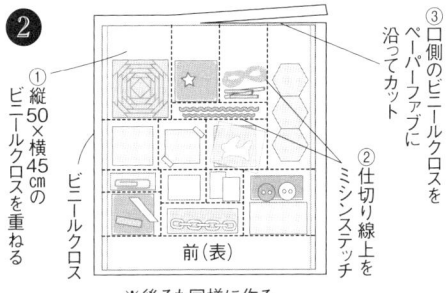

①口を折り位置で裏へ折る
0.7
②ミシンステッチ
2.5 3
③後ろも①〜②と同様にする
1
前（裏）
後ろ（表）

④前と後ろを中表に合わせて底中心線を縫い、ビニールクロスをペーパーファブに沿ってカット
※P.42 ❼も参照

❹

②両脇の縫い線上を縫い、ペーパーファブに沿ってビニールクロスをカット
①表に返して底中心線でたたむ
③縫い代を片倒しにする
本体（表）
0.7
10
0.7

④底をたたんで10cm幅のマチを縫い、余分をカット
※P.43 ❽〜❿も参照

❺
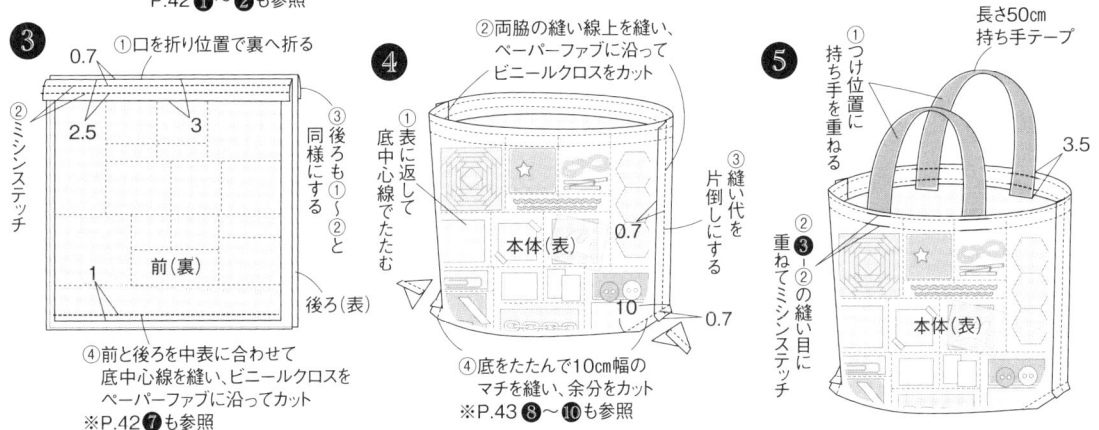

長さ50cm持ち手テープ
①つけ位置に持ち手を重ねる
3.5
②❸❷の縫い目に重ねてミシンステッチ
本体（表）

18. Beige color 手帳カバー P.34

材料

- 土台用ペーパーファブ45×25cm
- ビニールクロス50×25cm
- しおり用0.5cm幅リネンテープ100cm
- しおり用直径1cmボタン4個
- 封入用はぎれ、ブレード、フェルト各適宜

作り方のポイント

- 作り方の手順は40〜41ページ、「Lesson.2 記憶のカケラ・基本テクニック」を参照。
- コラージュした布が動かないようにするため、右図を参照しながら、仕切り線を2本程度入れる。素材の大きさに合わせて仕切り線の本数を増やしたり、位置を変えても可。
- 封入用はぎれやブレードは34〜35ページも参考にして配置する。
- 作品は、縦18×横13.3(厚み分含む)cmの手帳に合わせて制作。

本体(1枚)

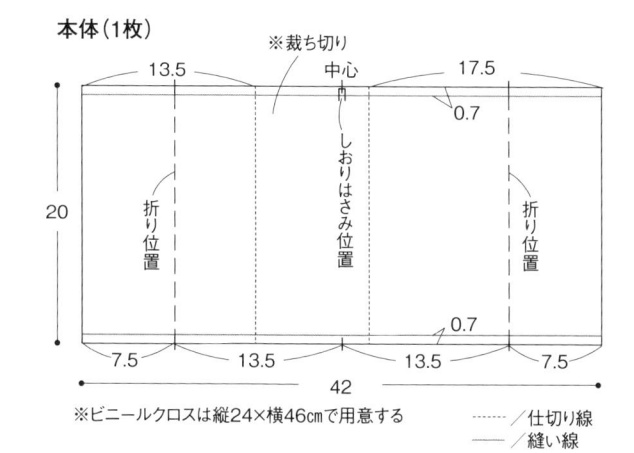

※ビニールクロスは縦24×横46cmで用意する

------ 仕切り線
——— 縫い線

<作り方>

❶

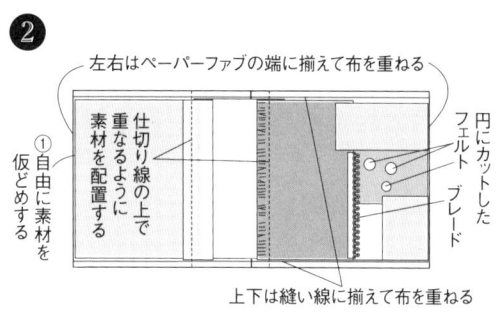

①縦20×横42cmのペーパーファブを用意
ペーパーファブ(表)
②仕切り線と縫い線、中心の合い印を表側に印つけする

<しおりの作り方>

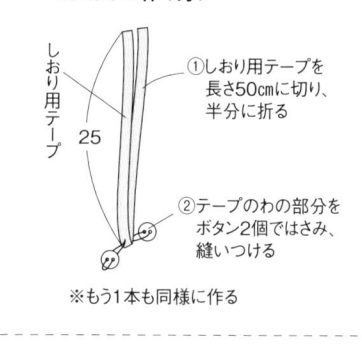

しおり用テープ
25
①しおり用テープを長さ50cmに切り、半分に折る
②テープのわの部分をボタン2個ではさみ、縫いつける
※もう1本も同様に作る

❷

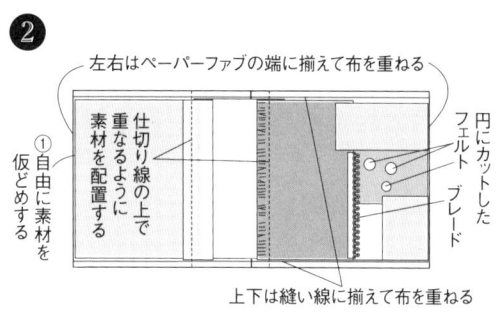

左右はペーパーファブの端に揃えて布を重ねる
①自由に素材を仮どめする
仕切り線の上で重なるように素材を配置する
円にカットしたフェルト
ブレード
上下は縫い線に揃えて布を重ねる

❸

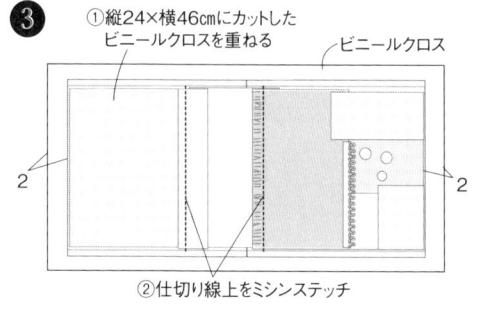

①縦24×横46cmにカットしたビニールクロスを重ねる
ビニールクロス
2
2
②仕切り線上をミシンステッチ

❹

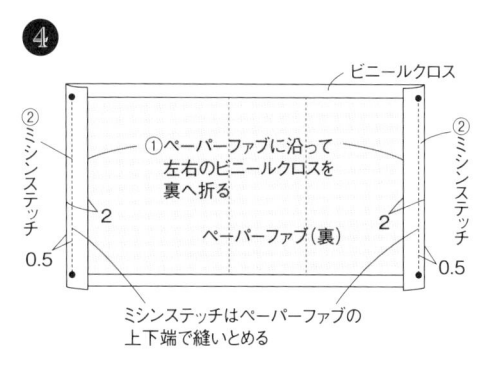

ビニールクロス
②ミシンステッチ
①ペーパーファブに沿って左右のビニールクロスを裏へ折る
ペーパーファブ(裏)
②ミシンステッチ
2
2
0.5
0.5
ミシンステッチはペーパーファブの上下端で縫いとめる

❺

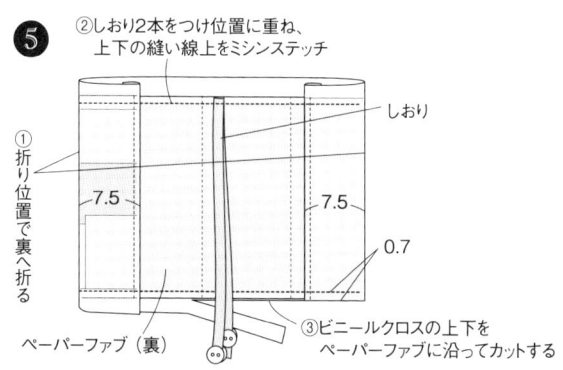

②しおり2本をつけ位置に重ね、上下の縫い線上をミシンステッチ
①折り位置で裏へ折る
7.5
7.5
しおり
0.7
ペーパーファブ(裏)
③ビニールクロスの上下をペーパーファブに沿ってカットする

19. Black color 三角ペンケース　P.36

材料

- 土台用ペーパーファブ25×20cm
- ビニールクロス30×25cm
  長さ20cmファスナー(ナイロン製)1本
- 封入用テープ、はぎれ各適宜

作り方のポイント

- 作り方の手順は40〜41ページ、
  「Lesson.2　記憶のカケラ・基本テク
- ニック」、42〜43ページ、「How to make
  Multicolor ポーチ」を参照。
- 本体を分割する仕切り線は、右図を参照
  しながら、封入するはぎれやテープのサ
  イズに合わせて自由に変える。

本体(1枚)

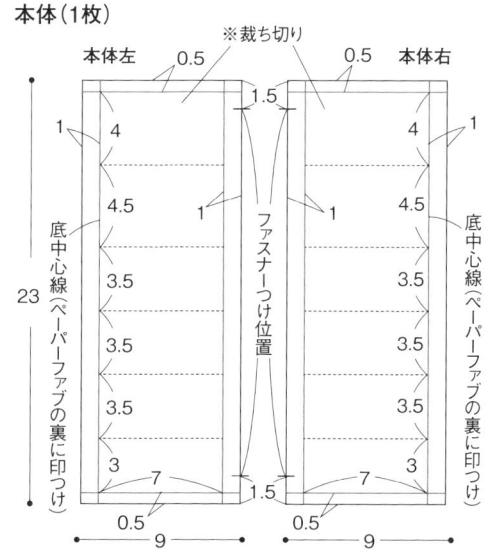

※裁ち切り

本体左　0.5　　0.5　本体右

/ ------- /仕切り線
/ ——— /縫い線
※ビニールクロスは
　縦25×横15cmで用意する

＜作り方＞

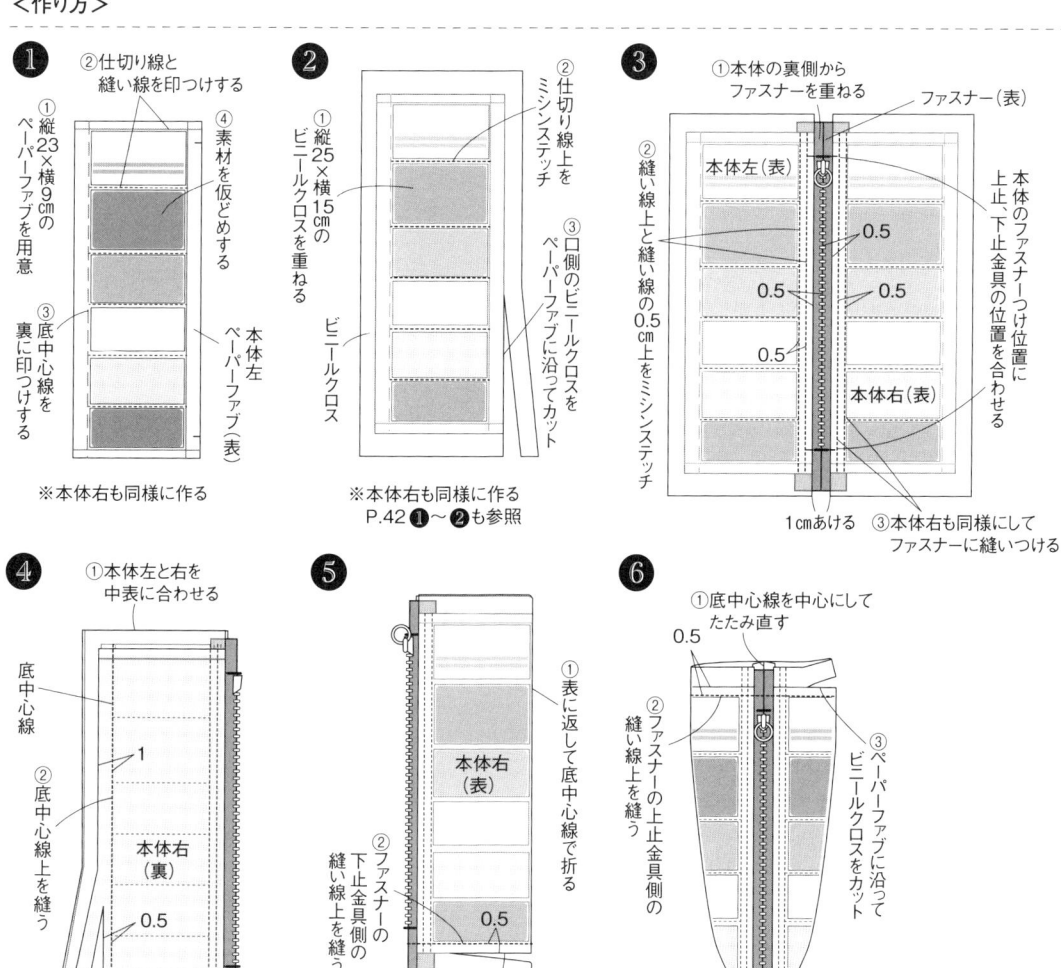

❶
① 縦23×横9cmのペーパーファブを用意
② 仕切り線と縫い線を印つけする
③ 底中心線を裏に印つけする
④ 素材を仮どめする
本体左ペーパーファブ(表)
※本体右も同様に作る

❷
① 縦25×横15cmのビニールクロスを重ねる
② 仕切り線上をミシンステッチ
③ 口側のビニールクロスをペーパーファブに沿ってカット
ビニールクロス
※本体右も同様に作る
P.42 ❶〜❷も参照

❸
① 本体の裏側からファスナーを重ねる
ファスナー(表)
② 縫い線上と縫い線の0.5cm上をミシンステッチ
本体左(表)　0.5
0.5　0.5
本体右(表)
本体のファスナーつけ位置に上止金具、下止金具の位置を合わせる
1cmあける　③本体右も同様にしてファスナーに縫いつける

❹
① 本体左と右を中表に合わせる
底中心線
② 底中心線上を縫う
1
本体右(裏)
0.5
③ 縫い代を5mmにカットする

❺
① 表に返して底中心線で折る
本体右(表)
② ファスナーの下止金具側の縫い線上を縫う
0.5
③ ペーパーファブに沿ってビニールクロスをカット

❻
① 底中心線を中心にしてたたみ直す
0.5
② ファスナーの上止金具側の縫い線上を縫う
③ ペーパーファブに沿ってビニールクロスをカット

22. ウールの3Dバッグ P.44

材料

- ピーシング用ウール4種
  各60×35㎝
- 口布用ウールグレー無地
  (持ち手分含む)45×60㎝
- 中袋用布(内ポケット分含む)
  110×40㎝

作り方のポイント

- 表布は、計56枚のピースを接ぎ合わせる。作品では、4種のウールをそれぞれ14枚ずつ裁ち、縫い合わせている。
- 表布のピースは合印で縫いどまりながら接ぐので、手縫いで縫っても良い。

本体(1枚)

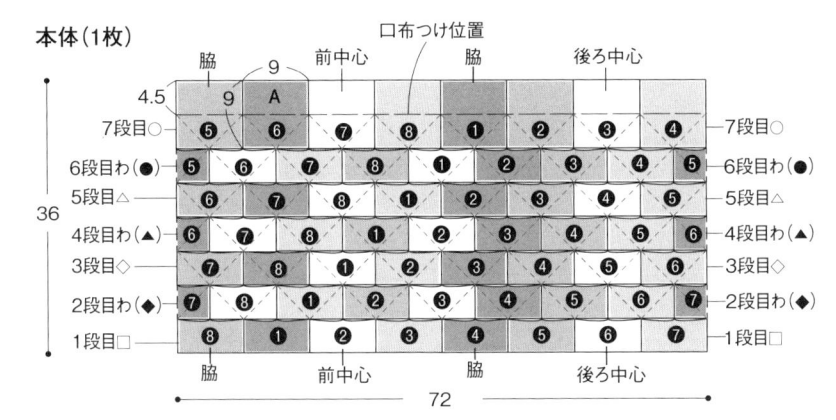

※左右の同じ段数の合印同士を接いで輪にする

口布(4枚)

持ち手つけ位置
脇　中心　脇
4.5
5　5
36

持ち手(2本)

12
※裁ち切り
45

①外表に四つ折りする
(表)
3
②ミシンステッチ

<口布の作り方>

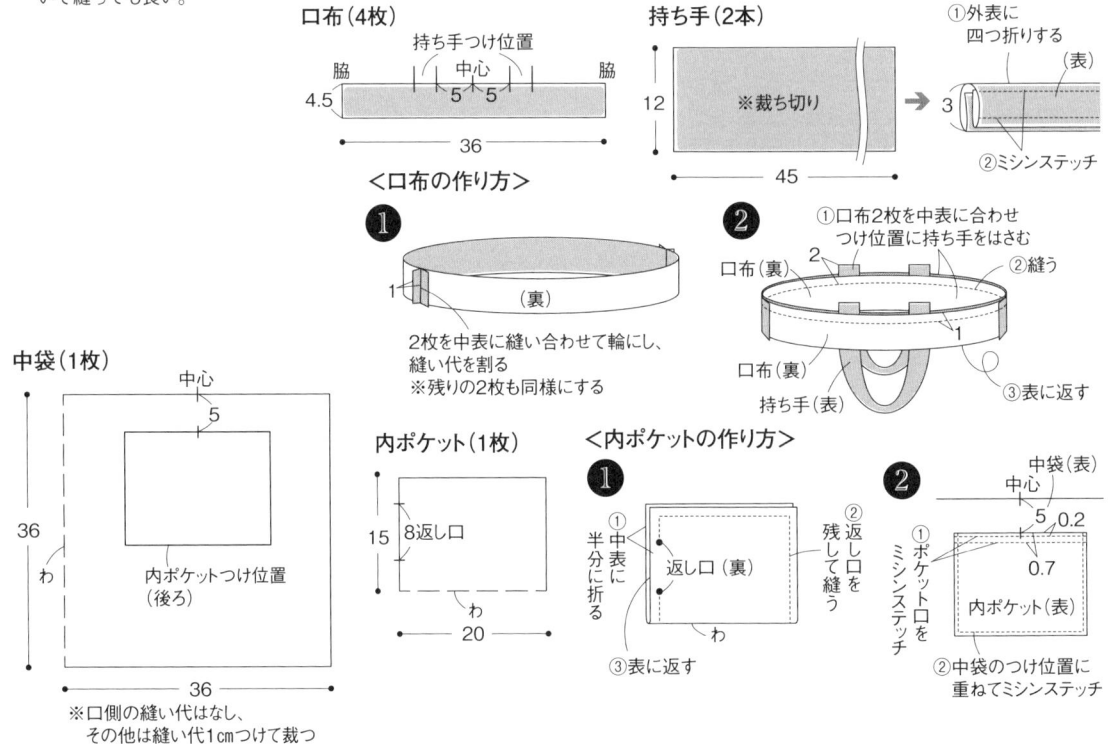

❶
1
2枚を中表に縫い合わせて輪にし、縫い代を割る
※残りの2枚も同様にする

❷
①口布2枚を中表に合わせつけ位置に持ち手をはさむ
口布(裏)
2
②縫う
1
口布(裏)
持ち手(表)
③表に返す

中袋(1枚)

中心
5
36
わ
内ポケットつけ位置(後ろ)
36

内ポケット(1枚)

15
8返し口
わ
20

<内ポケットの作り方>

❶
①中表に半分に折る
返し口(裏)
わ
②返し口を残して縫う
③表に返す

❷
中袋(表)
中心
5　0.2
0.7
①ポケット口をミシンステッチ
内ポケット(表)
②中袋のつけ位置に重ねてミシンステッチ

A の 50% 縮小型紙

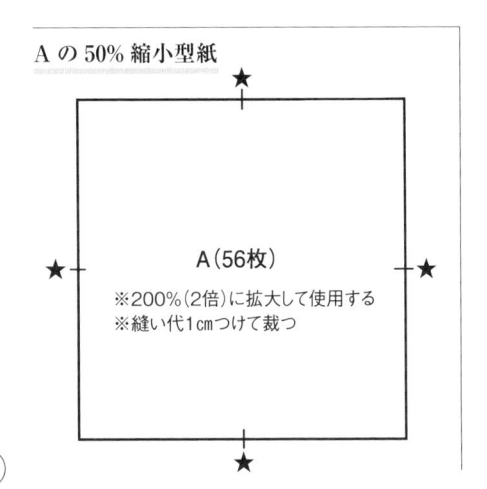

A(56枚)

※200%(2倍)に拡大して使用する
※縫い代1㎝つけて裁つ

※口側の縫い代はなし、
その他は縫い代1㎝つけて裁つ

<中袋の作り方>

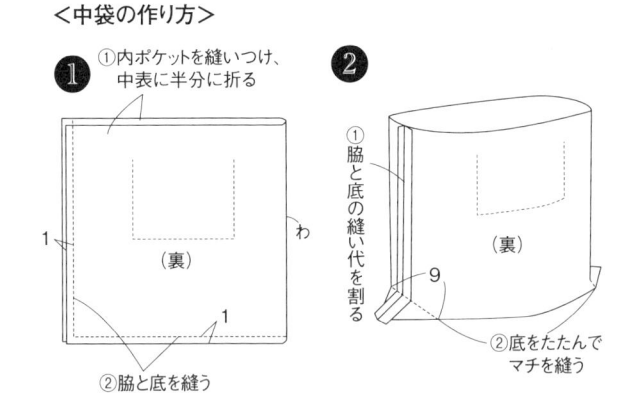

❶
①内ポケットを縫いつけ、中表に半分に折る
1
わ
1
②脇と底を縫う

❷
①脇と底の縫い代を割る
(裏)
9
②底をたたんでマチを縫う

＜本体表布の作り方＞

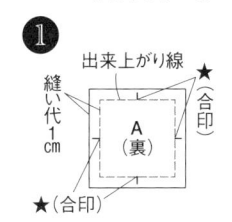

①

出来上がり線
★（合印）
縫い代1cm
A（裏）
★（合印）

ピースAを56枚裁ち、
出来上がり線と合印を
裏側に印つけする

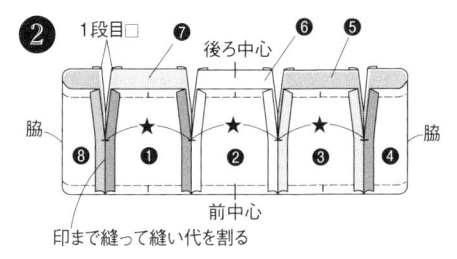

②

1段目□　⑦　後ろ中心　⑥　⑤
脇　⑧　①　②　③　④　脇
前中心
印まで縫って縫い代を割る

1段目の各ピースの下部の端から★まで縫い、
縫い代を割ってアイロンをあてる
82ページ本体図、1段目□同士も同様に縫い、輪にする

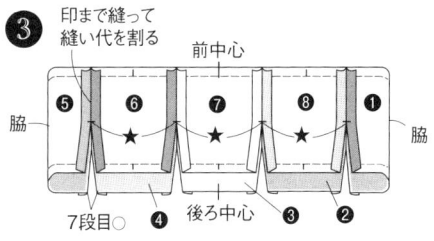

③

印まで縫って
縫い代を割る
前中心
⑤　⑥　⑦　⑧　①
脇　　　　　　　　　脇
7段目○　④　後ろ中心　③　②

②と同様にして7段目のみ、各ピースの上部の
端から★まで縫い、縫い代を割ってアイロンをあてる

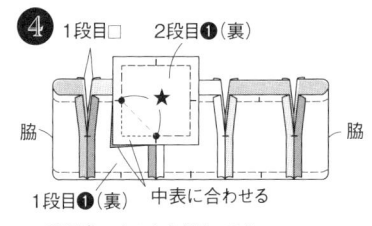

④

1段目□　2段目①（裏）
脇　　　　　　　　脇
1段目①（裏）　中表に合わせる

1段目①の★から上側をひらき、
2段目①と★同士を合わせて中表に重ねて
★～★までを縫ってはめ込む

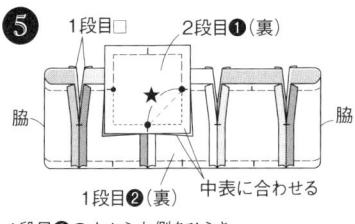

⑤

1段目□　2段目①（裏）
脇　　　　　　　　脇
1段目②（裏）　中表に合わせる

1段目②の★から上側をひらき、
2段目①と★同士を合わせて中表に重ねて
★～★までを縫ってはめ込む

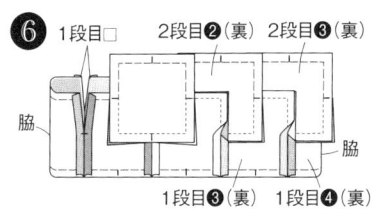

⑥

1段目□　2段目②（裏）　2段目③（裏）
脇
1段目③（裏）　1段目④（裏）

④～⑤を繰り返し、1段目の間に
2段目のピースを1枚ずつはめ込み、
★～★までを縫い合わせる

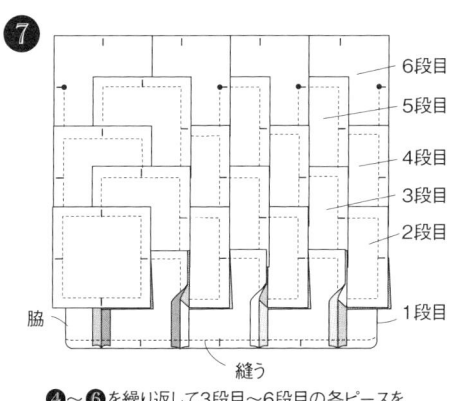

⑦

6段目
5段目
4段目
3段目
2段目
脇
縫う　1段目

④～⑥を繰り返して3段目～6段目の各ピースを
はめ込み縫いしながら、筒状にする
1段目の下部を縫い合わせて袋にする

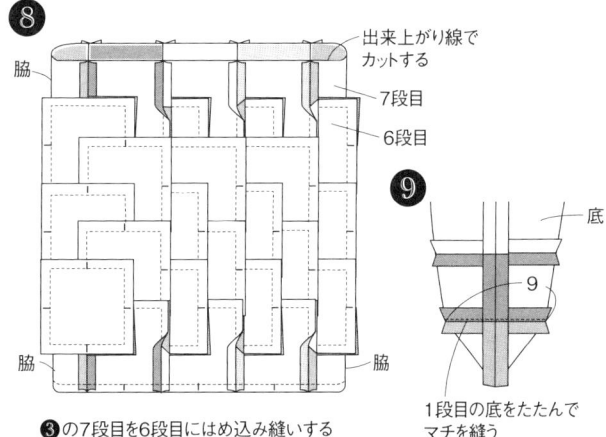

⑧

脇
出来上がり線で
カットする
7段目
6段目
脇

③の7段目を6段目にはめ込み縫いする
7段目上部を出来上がり線でカット

⑨

底
9

1段目の底をたたんで
マチを縫う
※反対側も同様にする

＜作り方＞

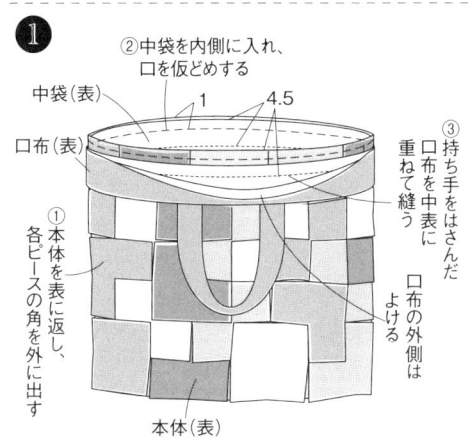

①

②中袋を内側に入れ、
口を仮どめする
中袋（表）　1　4.5
口布（表）
③持ち手をはさんだ
口布を中表に
重ねて縫う
①本体を表に返し、
各ピースの角を外に出す
口布の外側は
よける
本体（表）

②

②口布の下部の
縫い代を
折り込んで、
まつる
0.2　2.5
口布（表）
0.2
①口布を起こし、
本体と中袋の口をはさむ
③ミシンステッチ
本体（表）

24. ボタン型ポーチ　P.47

材料

|こげ茶×グレーのボタン|

- 前A用ウールこげ茶(後ろB、後ろC、ファスナーマチ、底マチ、タブ分含む)40×30cm
- 前B用ウールグレー(前C、後ろA分含む)30×30cm
- 裏打ち布、片面接着キルト綿各30×15cm
- 接着芯15×10cm
- 長さ30cmファスナー1本
- 25番刺しゅう糸白適宜

|ネイビー×ドット柄のボタン|

- 前A用ウールネイビー(後ろA分含む)30×15cm
- 前B用ウールドット柄(前C分含む)、後ろB用ウール水色(後ろC分含む)各20×15cm
- ファスナーマチ用ウール黒(底マチ、タブ分含む)25×20cm
- 裏打ち布、片面接着キルト綿各30×15cm
- 接着芯20×15cm
- 長さ20cmファスナー1本
- 25番刺しゅう糸白適宜

作り方のポイント

- 作り方は2点共通。
- ブランケット・Sとアウトライン・Sの刺し方、巻きかがりの縫い方は69ページを参照。

▶前・後ろのA〜Cの型紙はP.85

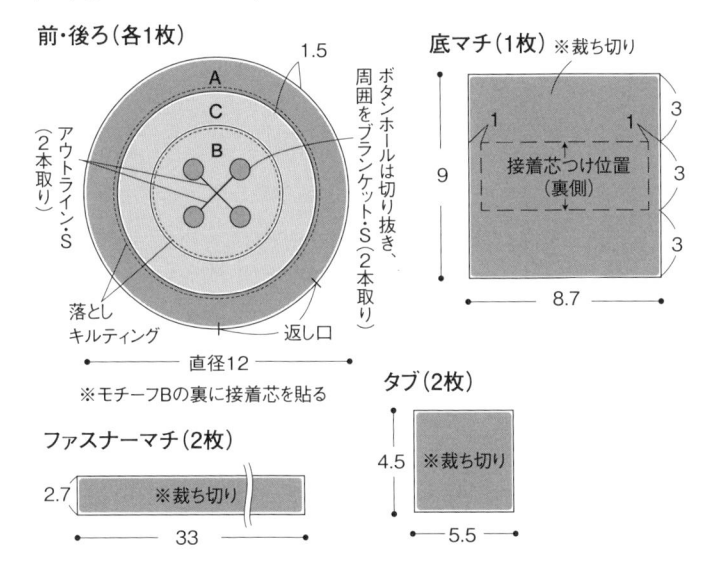

|こげ茶×グレーのボタン|

前・後ろ(各1枚)

ファスナーマチ(2枚)

底マチ(1枚)　※裁ち切り

タブ(2枚)

|ネイビー×ドット柄のボタン|

前・後ろ(各1枚)

ファスナーマチ(2枚)

底マチ(1枚)

タブ(2枚)

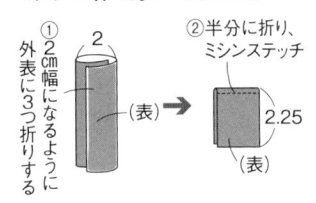

＜タブの作り方＞　※2点共通

① 2cm幅になるように外表に3つ折りする

② 半分に折り、ミシンステッチ

＜前・後ろの作り方＞　※2点共通

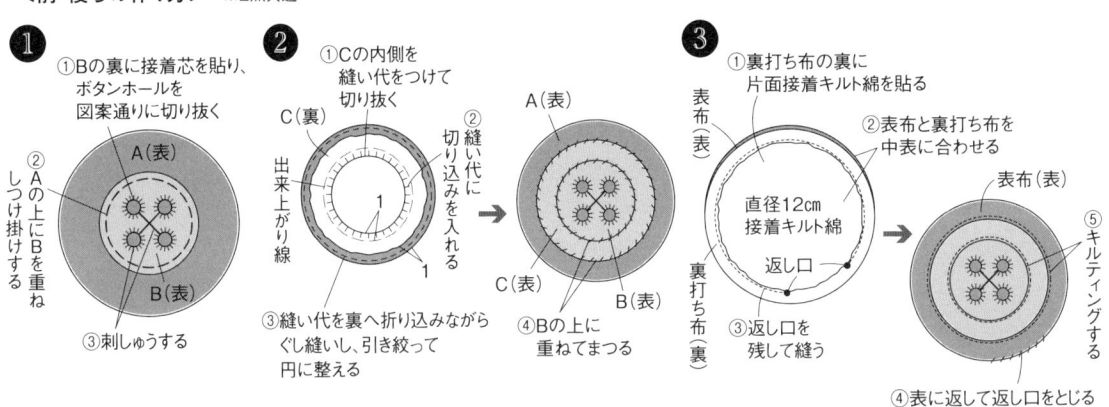

❶ ①Bの裏に接着芯を貼り、ボタンホールを図案通りに切り抜く
②Aの上にBを重ねしつけ掛けする
③刺しゅうする

❷ ①Cの内側を縫い代をつけて切り抜く
②縫い代に切り込みを入れる
出来上がり線
③縫い代を裏へ折り込みながらぐし縫いし、引き絞って円に整える
④Bの上に重ねてまつる

❸ ①裏打ち布の裏に片面接着キルト綿を貼る
②表布と裏打ち布を中表に合わせる
③返し口を残して縫う
④表に返して返し口をとじる
⑤キルティングする

84

<ファスナーマチの作り方> ※2点共通

❶
①外表に三つ折りする
わ側
0.9
（表）
0.4
②アイロンをあてて
しつけ掛けする
※もう一枚も同様にする

❷
①ファスナーに重ねて
まつりつける
わ側
0.2
3
❶−②の
しつけ糸
ファスナー（表）
（表）
②ミシンステッチをし、
しつけ糸を外す
わ側

<底マチの作り方> ※2点共通

❶
①裏のつけ位置に
接着芯を貼り、
中表に半分に折る
②縫う
1.5
（裏）
3
接着芯
わ

❷
①表に返して
接ぎ目を中心にして
たたみ直す
3 （表）
1
②端を内側に
1cm折り込んで
しつけ掛けする
※反対側も同様

<作り方> ※2点共通

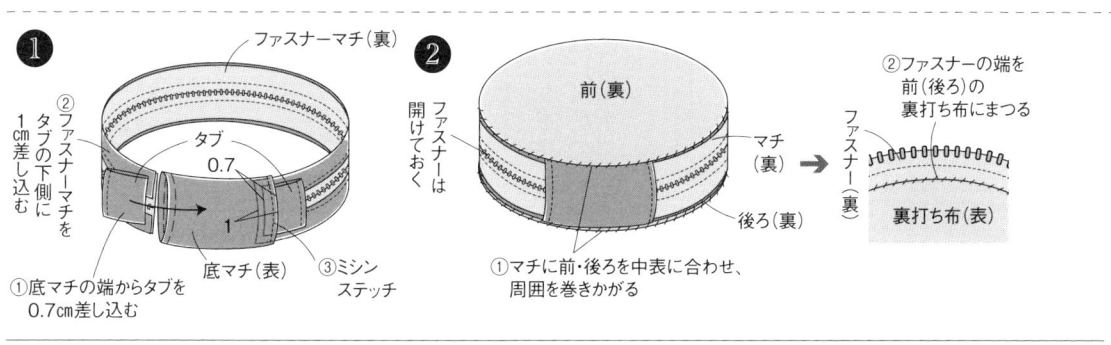

❶
ファスナーマチ（裏）
②ファスナーマチを
タブの下側に
1cm差し込む
タブ
0.7
1
①底マチの端からタブを
0.7cm差し込む
底マチ（表）
③ミシン
ステッチ

❷
ファスナーは
開けておく
前（裏）
マチ（裏）
後ろ（裏）
①マチに前・後ろを中表に合わせ、
周囲を巻きかがる
②ファスナーの端を
前（後ろ）の
裏打ち布にまつる
ファスナー（裏）
裏打ち布（表）

前と後ろの実物大型紙

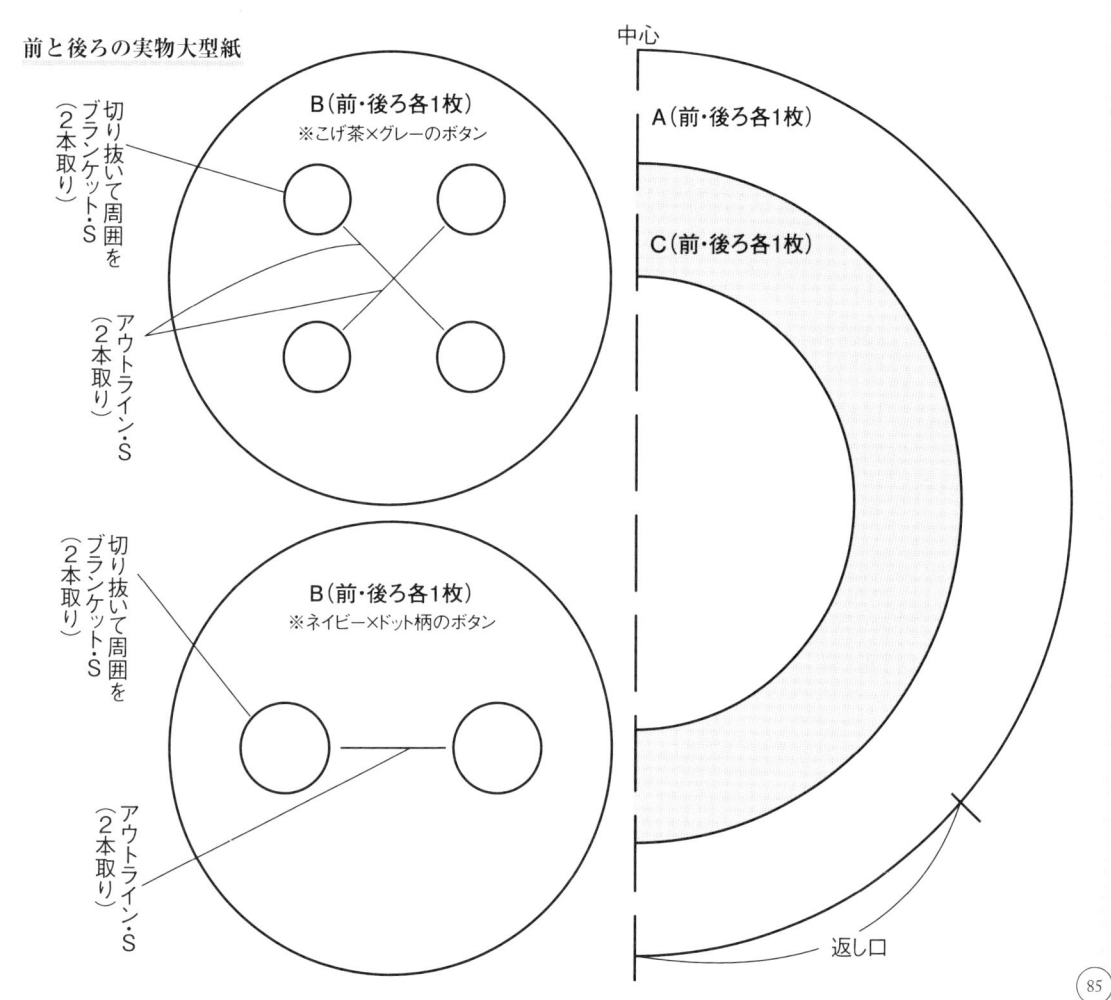

切り抜いて周囲を
ブランケット・S
（2本取り）

B（前・後ろ各1枚）
※こげ茶×グレーのボタン

アウトライン・S
（2本取り）

中心

A（前・後ろ各1枚）

C（前・後ろ各1枚）

切り抜いて周囲を
ブランケット・S
（2本取り）

B（前・後ろ各1枚）
※ネイビー×ドット柄のボタン

アウトライン・S
（2本取り）

返し口

26. ネイビーのショルダーバッグ P.49

材料

- ・前用ウールネイビー
  （後ろ、マチ、ふた、タブ、肩ひも表布分含む）85×50cm
- ・ポケット表布用ウール無地
  （ポケットマチ表布分含む）65×25cm
- ・ふた裏打ち布（ポケット裏布、
  ポケットマチ裏布、中袋用分含む）110×50cm
- ・キルト綿、本体用裏打ち布各90×40cm
- ・接着芯65×25cm
- ・パイピングコード用
  幅2.5cmバイアステープ240cm（80cmを3本）
- ・パイピングコード用直径3.5mmコード250cm
- ・肩ひも用幅5cm綿平テープ85cm
- ・直径1.5cm縫いつけ型マグネットボタン1組

作り方のポイント

- ・<ふたの作り方>❷ー③の前に縫い代にしつけを
  掛けておくと縫いやすい。

▶前・後ろ、ふた、マチ、ポケットマチ、
　タブの型紙はP.88

マチ（1枚）

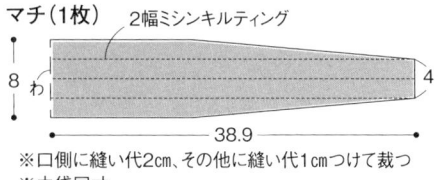

2幅ミシンキルティング

8 — わ — 4 — 38.9

※口側に縫い代2cm、その他に縫い代1cmつけて裁つ
※中袋同寸

前・後ろ（各1枚）

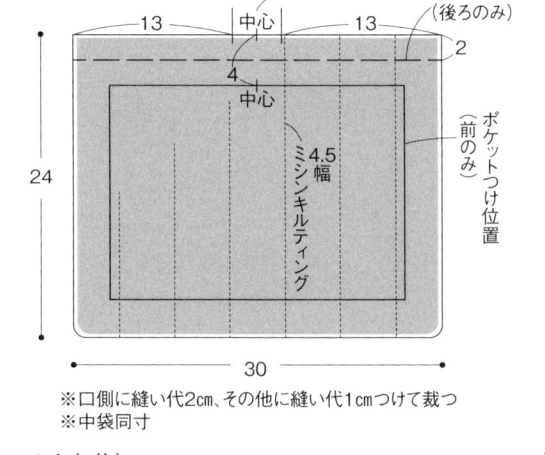

タブつけ位置　中心　ふたつけ位置（後ろのみ）
13　中心　13　2
4　中心
24　4.5幅ミシンキルティング　ポケットつけ位置（前のみ）
30

※口側に縫い代2cm、その他に縫い代1cmつけて裁つ
※中袋同寸

ふた（1枚）

返し口　中心
22　4.5幅ミシンキルティング
30

タブ（表布、裏布各1枚）

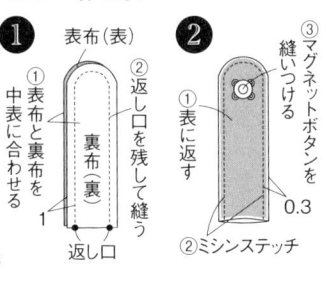

マグネットボタン（凸）つけ位置
11.5
4　返し口

※返し口側に縫い代2.5cm、その他に縫い代1cmつけて裁つ

ポケット（表布、裏布各1枚）

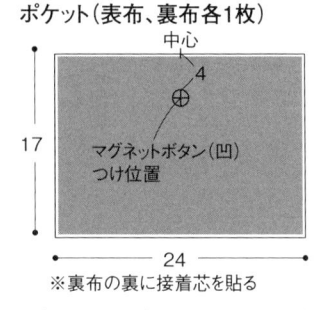

中心　4
⊕
マグネットボタン（凹）つけ位置
17
24
※裏布の裏に接着芯を貼る

肩ひも表布（1枚）

3.5　※裁ち切り
80

肩ひもの作り方

①表布の裏に平テープを重ねる
②テープで表布をくるむ
0.7
0.5
5　（表）　3.5
1.5　0.7　0.5
長さ83cm平テープ（裏）　③ミシンステッチ　1.5

ポケットマチ（表布、裏布各1枚）

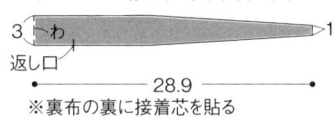

3　わ　1
返し口
28.9
※裏布の裏に接着芯を貼る

タブの作り方

❶ 表布（表）
表布と裏布を中表に合わせる
②返し口を残して縫う
裏布（裏）
1　返し口

❷ ③マグネットボタンを縫いつける
①表に返す
0.3
②ミシンステッチ

ポケットの作り方

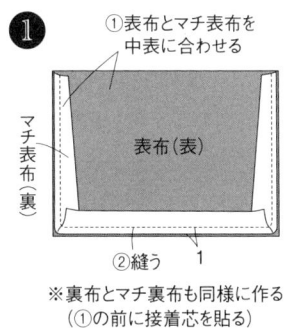

❶ ①表布とマチ表布を中表に合わせる
マチ表布（裏）
表布（表）
②縫う　1
※裏布とマチ裏布も同様に作る（①の前に接着芯を貼る）

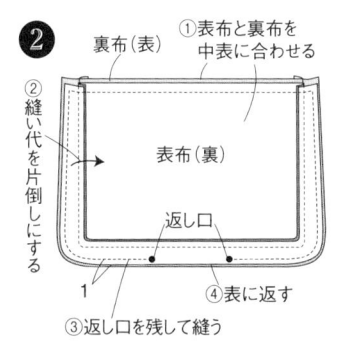

❷ 裏布（表）
①表布と裏布を中表に合わせる
②縫い代を片倒しにする
表布（裏）
返し口
1
③返し口を残して縫う
④表に返す

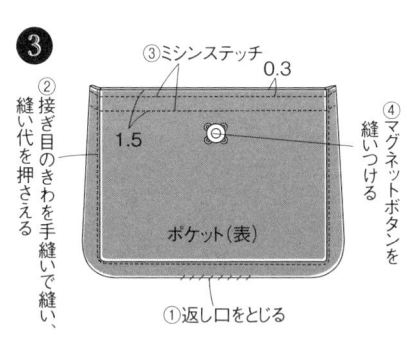

❸ ③ミシンステッチ　0.3
②接ぎ目のきわを手縫いで縫い、縫い代を押さえる
1.5
④マグネットボタンを縫いつける
ポケット（表）
①返し口をとじる

＜ふたの作り方＞

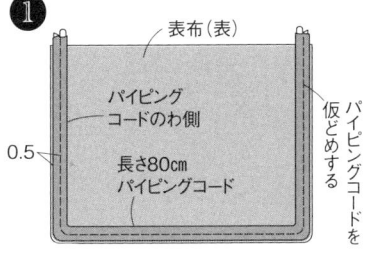

❶
- 表布（表）
- パイピングコードのわ側
- 0.5
- 長さ80cm パイピングコード
- パイピングコードを仮どめする

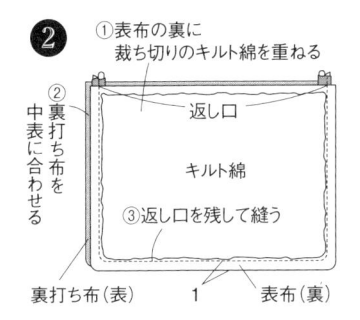

❷
- ①表布の裏に裁ち切りのキルト綿を重ねる
- 返し口
- ②裏打ち布を中表に合わせる
- キルト綿
- ③返し口を残して縫う
- 裏打ち布（表）
- 1
- 表布（裏）

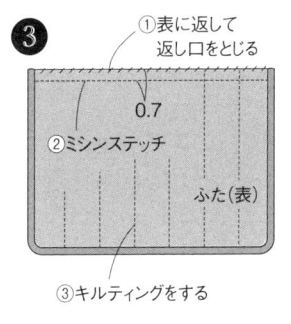

❸
- ①表に返して返し口をとじる
- 0.7
- ②ミシンステッチ
- ふた（表）
- ③キルティングをする

＜作り方＞

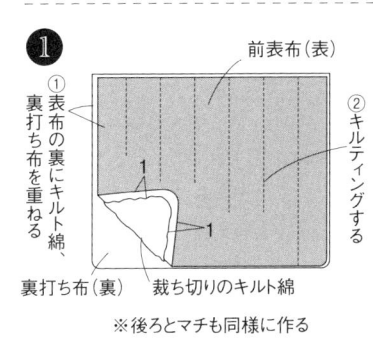

❶
- 前表布（表）
- ①表布の裏にキルト綿、裏打ち布を重ねる
- ②キルティングする
- 1
- 1
- 裏打ち布（裏）
- 裁ち切りのキルト綿

※後ろとマチも同様に作る

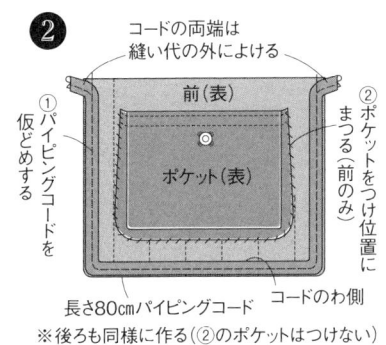

❷
- コードの両端は縫い代の外によける
- 前（表）
- ①パイピングコードを仮どめする
- ②ポケットをつけ位置にまつる（前のみ）
- ポケット（表）
- 長さ80cmパイピングコード
- コードのわ側

※後ろも同様に作る（②のポケットはつけない）

＜パイピングコードの作り方＞

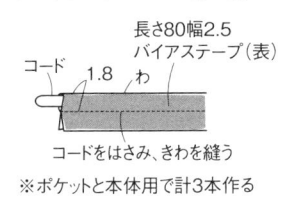

- 長さ80幅2.5 バイアステープ（表）
- コード
- 1.8
- わ
- コードをはさみ、きわを縫う

※ポケットと本体用で計3本作る

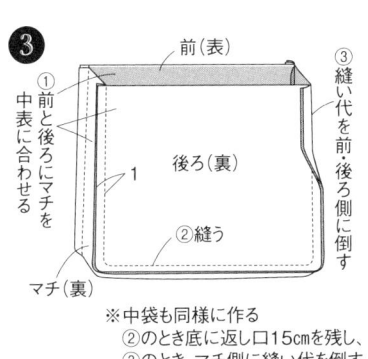
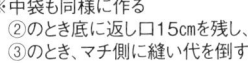

❸
- 前（表）
- ①前と後ろを中表に合わせる
- 後ろ（裏）
- ②縫う
- ③縫い代を前・後ろ側に倒す
- 1
- マチ（裏）

※中袋も同様に作る
②のとき底に返し口15cmを残し、
③のとき、マチ側に縫い代を倒す

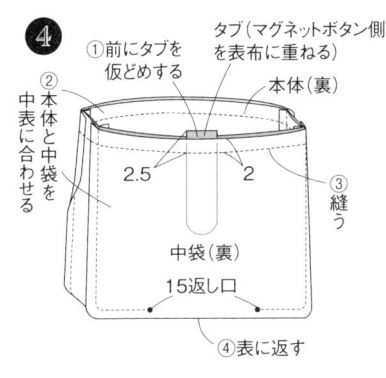

❹
- ①前にタブを仮どめする
- タブ（マグネットボタン側を表布に重ねる）
- ②本体と中袋を中表に合わせる
- 本体（裏）
- ③縫う
- 2.5
- 2
- 中袋（裏）
- 15返し口

④表に返す

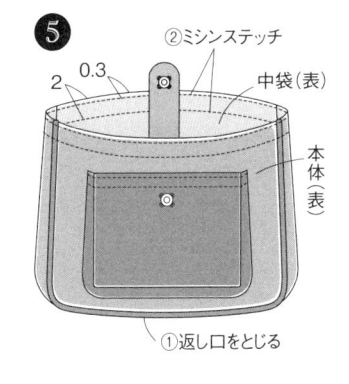

❺
- ②ミシンステッチ
- 中袋（表）
- 2
- 0.3
- 本体（表）
- ①返し口をとじる

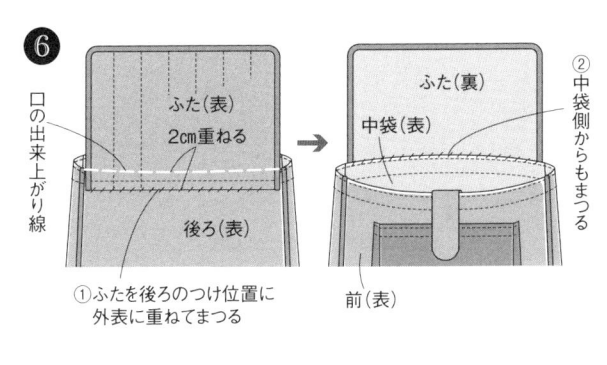

❻
- 口の出来上がり線
- ふた（表）
- 2cm重ねる
- 後ろ（表）
- →
- ふた（裏）
- 中袋（表）
- ②中袋側からもまつる
- 前（表）
- ①ふたを後ろのつけ位置に外表に重ねてまつる

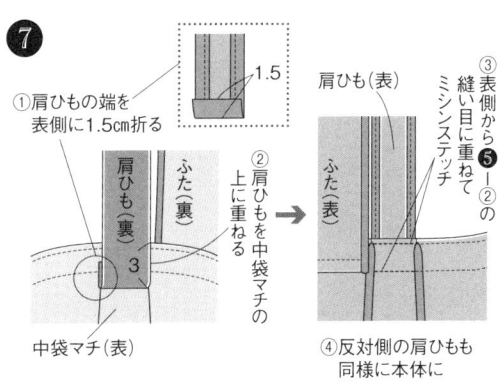

❼
- ①肩ひもの端を表側に1.5cm折る
- 1.5
- ②肩ひもを中袋マチの上に重ねる
- 肩ひも（裏）
- 3
- ふた（裏）
- 中袋マチ（表）
- →
- 肩ひも（表）
- ③表側から縫い目に重ねてミシンステッチ
- ふた（表）
- ❺-②の
- ④反対側の肩ひもも同様に本体に縫いつける

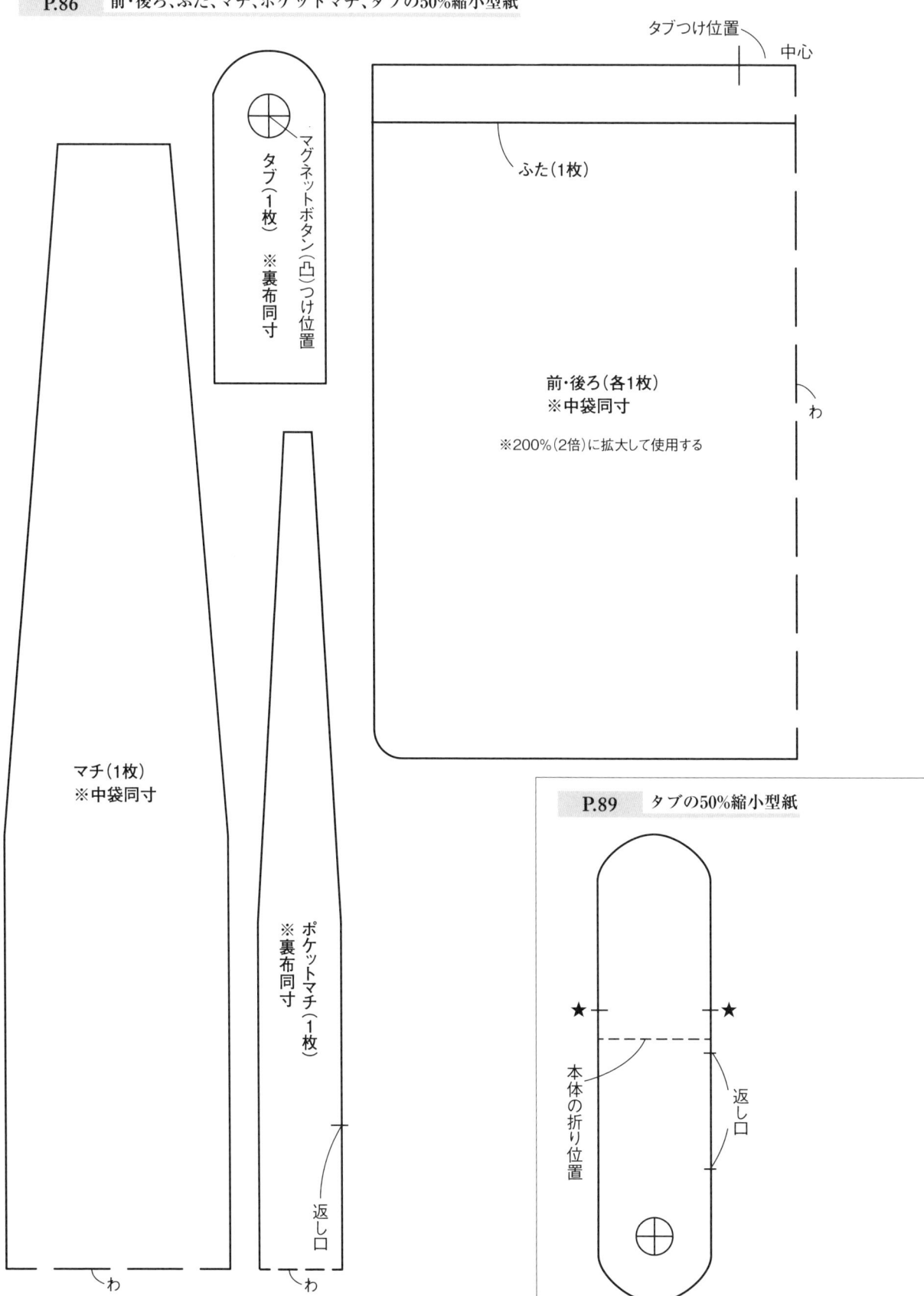

タブつけ位置

中心

ふた(1枚)

タブ(1枚) ※裏布同寸

マグネットボタン(凸)つけ位置

前・後ろ(各1枚)
※中袋同寸

※200%(2倍)に拡大して使用する

わ

マチ(1枚)
※中袋同寸

ポケットマチ(1枚)
※裏布同寸

返し口

わ

わ

P.89 タブの50%縮小型紙

★ ★

本体の折り位置

返し口

25. ネイビーのクラッチバッグ　P.48

材料

- 円モチーフ用ウール15×5cm
- 表布用ウールネイビー（タブ表布分含む）、
  裏布用コットン（タブ裏布分含む）各35×45cm
- 接着芯35×40cm
- 直径1.3cmイージースナップボタン1組

作り方のポイント

- 円モチーフは、裏に接着芯を貼ってから直径
  2.6cmにカットする。裏にボンドを少量つけ、右
  図を参考に表布の好みの位置に仮どめし、縫
  い糸で周囲を縫いとめる。

▶タブの型紙はP.88

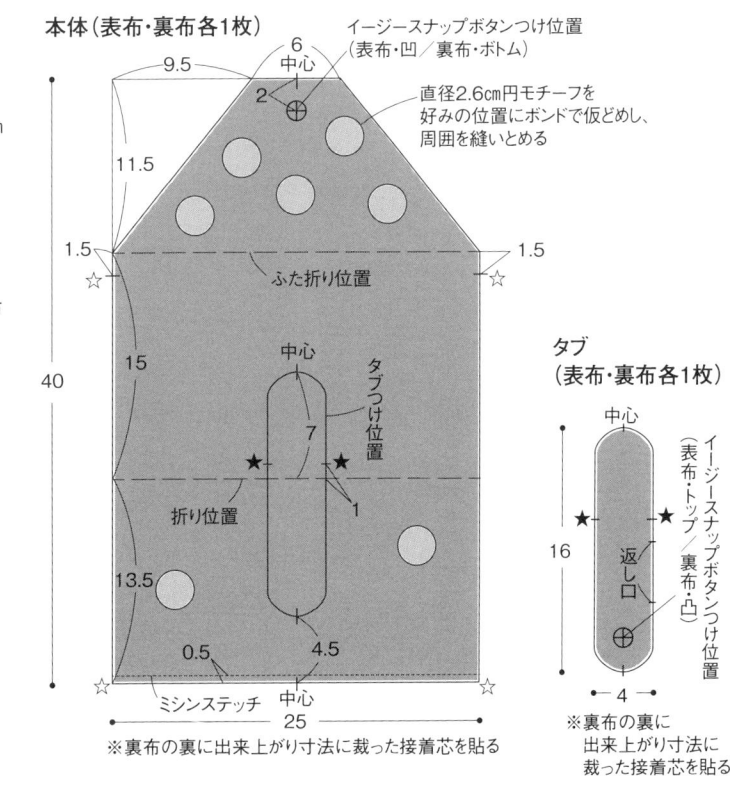

本体（表布・裏布各1枚）

イージースナップボタンつけ位置
（表布・凹／裏布・ボトム）

直径2.6cm円モチーフを
好みの位置にボンドで仮どめし、
周囲を縫いとめる

ふた折り位置

タブ（表布・裏布各1枚）

イージースナップボタンつけ位置
（表布・トップ／裏布・凸）

返し口

※裏布の裏に
出来上がり寸法に
裁った接着芯を貼る

中心　タブつけ位置　折り位置　ミシンステッチ

※裏布の裏に出来上がり寸法に裁った接着芯を貼る

＜タブの作り方＞

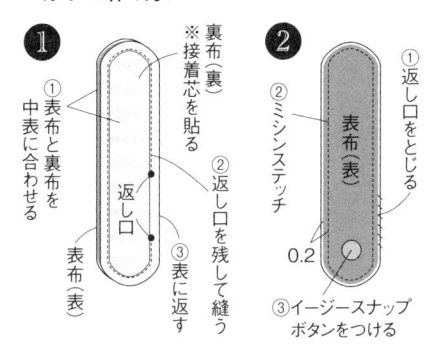

❶ ①表布と裏布を中表に合わせる　※裏布（裏）接着芯を貼る　返し口　表布（表）　②返し口を残して縫う　③表に返す

❷ ①返し口をとじる　②ミシンステッチ　表布（表）　③イージースナップボタンをつける

＜イージースナップボタンのつけ方＞

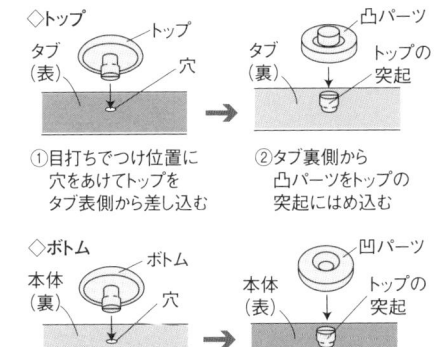

◇トップ
タブ（表）　トップ　穴　凸パーツ　タブ（裏）　トップの突起

①目打ちでつけ位置に穴をあけてトップをタブ表側から差し込む

②タブ裏側から凸パーツをトップの突起にはめ込む

◇ボトム
本体（裏）　ボトム　穴　凹パーツ　本体（表）　トップの突起

①目打ちでつけ位置に穴をあけてボトムを本体裏側から差し込む

②本体表側から凹パーツをボトムの突起にはめ込む

＜作り方＞

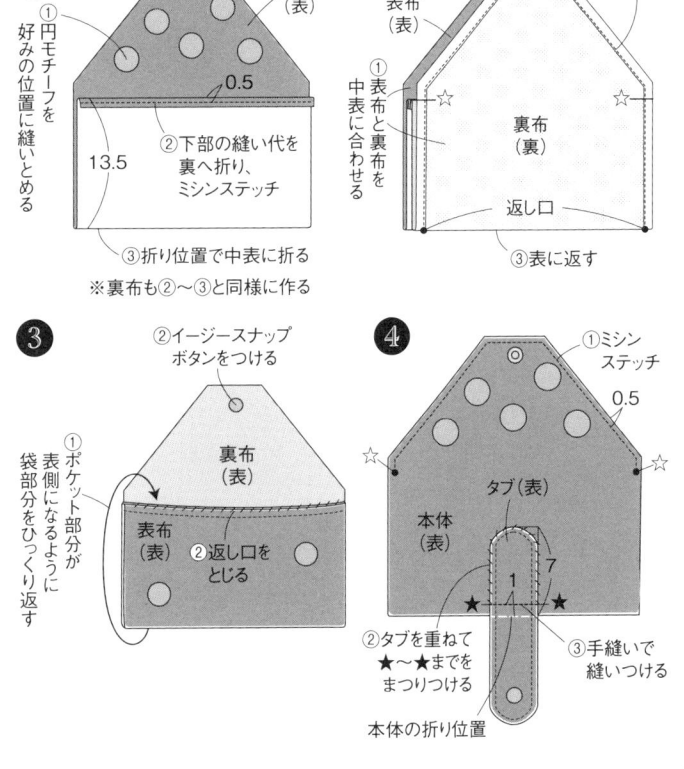

❶ ①円モチーフを好みの位置に縫いとめる　表布（表）　②下部の縫い代を裏へ折り、ミシンステッチ　③折り位置で中表に折る　※裏布も②～③と同様に作る

❷ 表布（表）　①表布と裏布を中表に合わせる　②返し口を残して縫う　裏布（裏）　返し口　③表に返す

❸ ①ポケット部分が表側になるように袋部分をひっくり返す　②イージースナップボタンをつける　裏布（表）　表布（表）　②返し口をとじる

❹ ①ミシンステッチ　本体（表）　タブ（表）　②タブを重ねて★～★までをまつりつける　③手縫いで縫いつける　本体の折り位置

27. ブラウンつなぎのトートバッグ　P.50

材料

- ・ピーシング用ウール各種
- ・後ろ用ビニールコーティングウール（持ち手分含む）100×50cm
- ・見返し用ウール100×10cm
- ・中袋用布（内ポケット分含む）100×70cm

作り方のポイント

- ・前をピーシングし、縫い代を割るとき、当て布を上に重ねてアイロンをあて、しっかりと縫い代を割る。
- ・後ろ用布と持ち手に作品と同様、ビニールコーティング生地を使い、ミシンで仕立てる場合は、テフロン加工の押さえ金を使う。
- ・<持ち手の作り方>の②ミシンステッチ、<作り方>❺の袋口のミシンステッチの際には、ミシンの針板の上にトレーシングペーパーを貼っておき、縫いやすくしておく。

前（1枚）

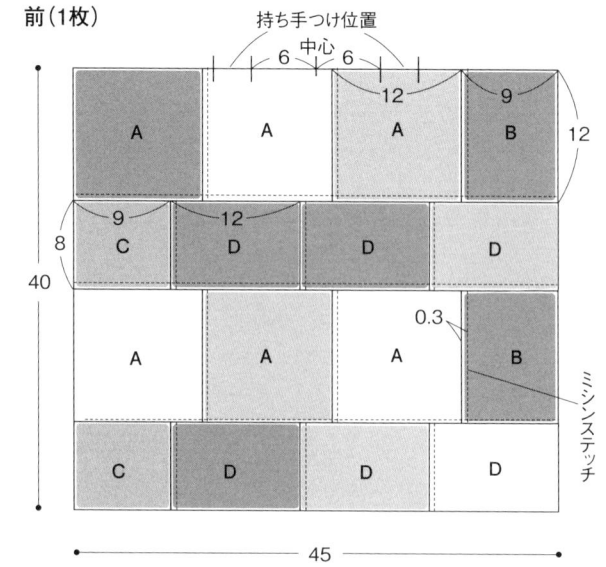

※口側に縫い代3cm、その他に縫い代1cmつけて裁つ
※後ろは同寸の一枚布

持ち手（2枚）

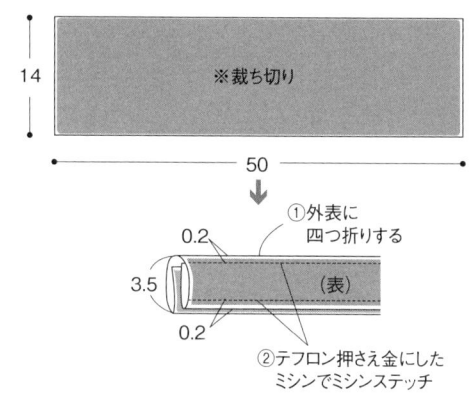

中袋（1枚）

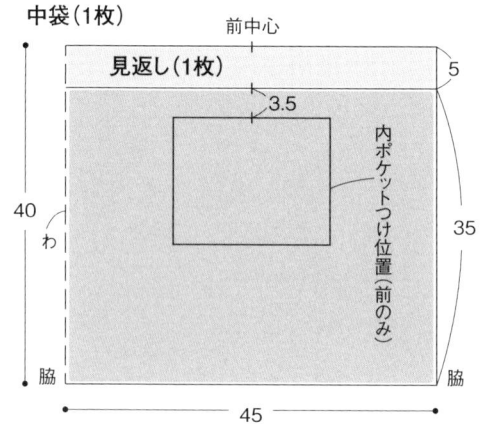

※見返し口側に縫い代3cm、その他に縫い代1cmつけて裁つ

内ポケット（1枚）

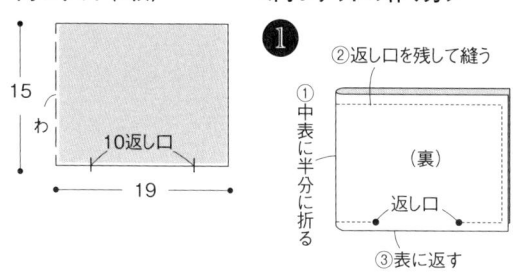

<内ポケットの作り方>

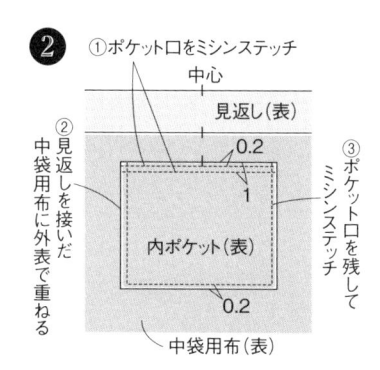

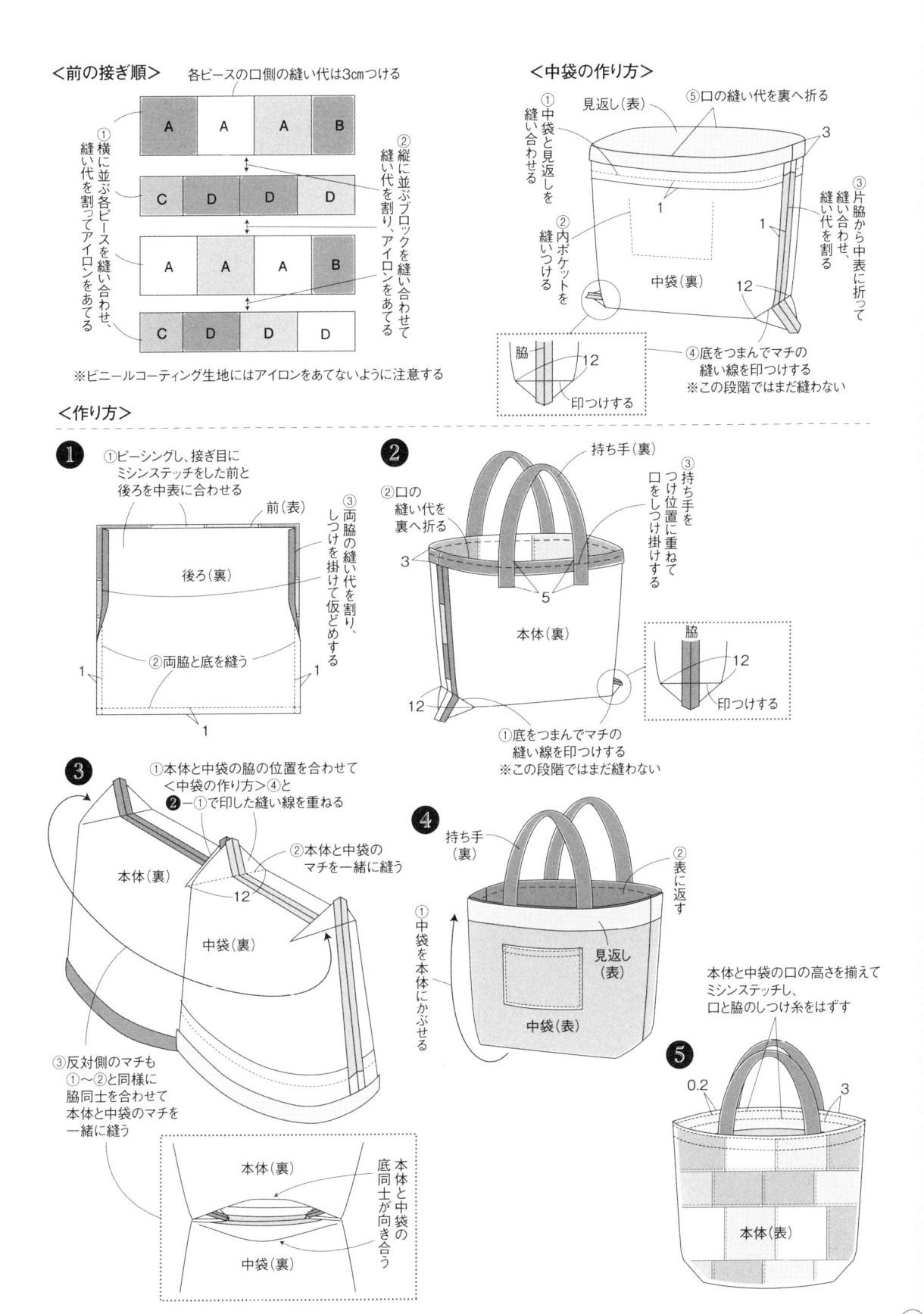

28. ブラウンつなぎのクラッチバッグ P.51

材料

- 前用ウールチェック30×20cm
- 後ろ用ビニールコーティングウール 30×30cm
- 裏布50×30cm
- 直径2.5cmスナップ1組

作り方のポイント

- 後ろ用布に作品と同様、ビニールコーティング生地を使い、ミシンで仕立てる場合は、テフロン加工の押さえ金を使う。

▶前と後ろの型紙はP.93

前（1枚）

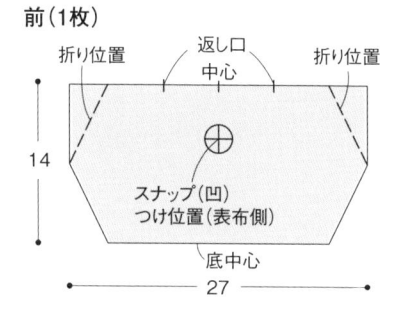

折り位置　返し口　折り位置
中心
14
スナップ（凹）つけ位置（表布側）
底中心
27

後ろ（1枚）

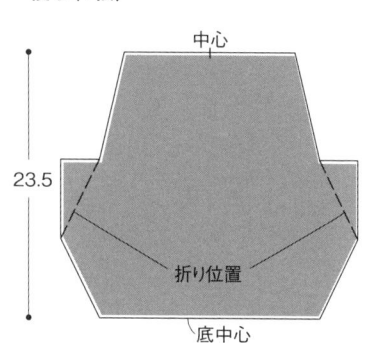

中心
23.5
折り位置
底中心
27

裏布（1枚）

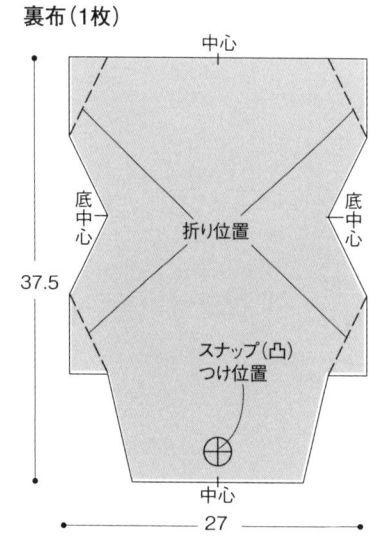

中心
底中心　底中心
37.5　折り位置
スナップ（凸）つけ位置
中心
27

＜作り方＞

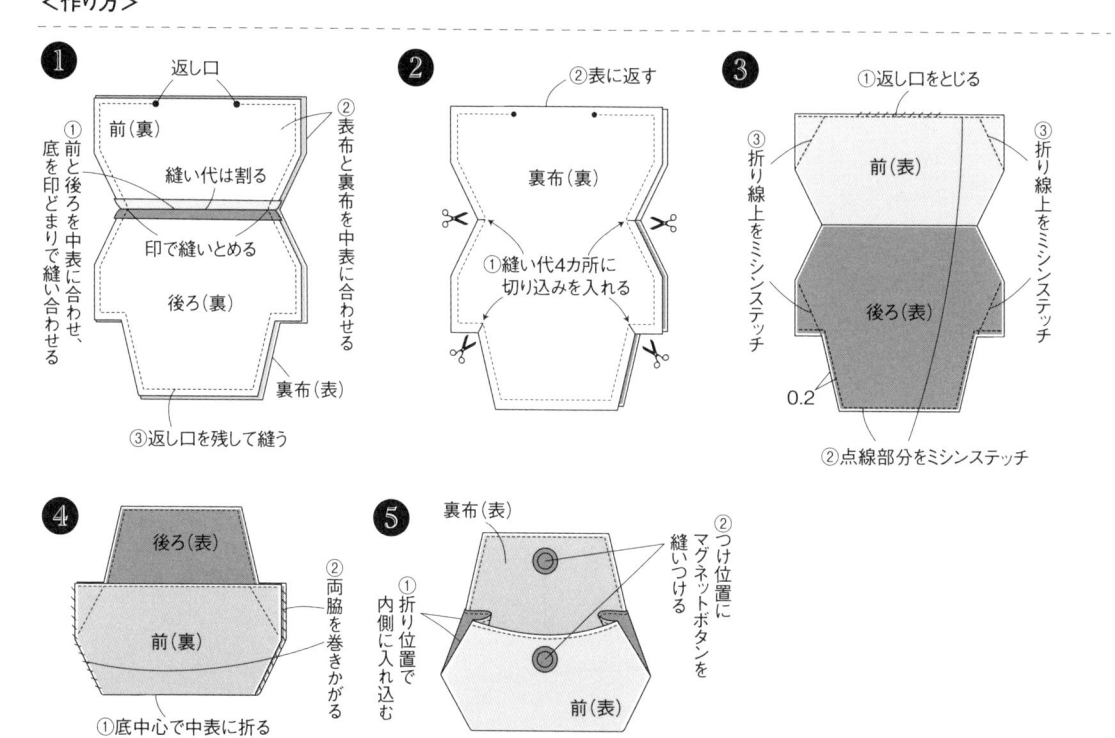

❶
返し口
前（裏）
①前と後ろを中表に合わせ、底を印どまりで縫い合わせる
②表布と裏布を中表に合わせる
縫い代は割る
印で縫いとめる
後ろ（裏）
裏布（表）
③返し口を残して縫う

❷
②表に返す
裏布（裏）
①縫い代4カ所に切り込みを入れる

❸
①返し口をとじる
③折り線上をミシンステッチ
前（表）
③折り線上をミシンステッチ
後ろ（表）
0.2
②点線部分をミシンステッチ

❹
後ろ（表）
②両脇を巻きかがる
前（裏）
①底中心で中表に折る

❺
裏布（表）
②つけ位置にマグネットボタンを縫いつける
①折り位置で内側に入れ込む
前（表）

前と後ろの 50% 縮小型紙

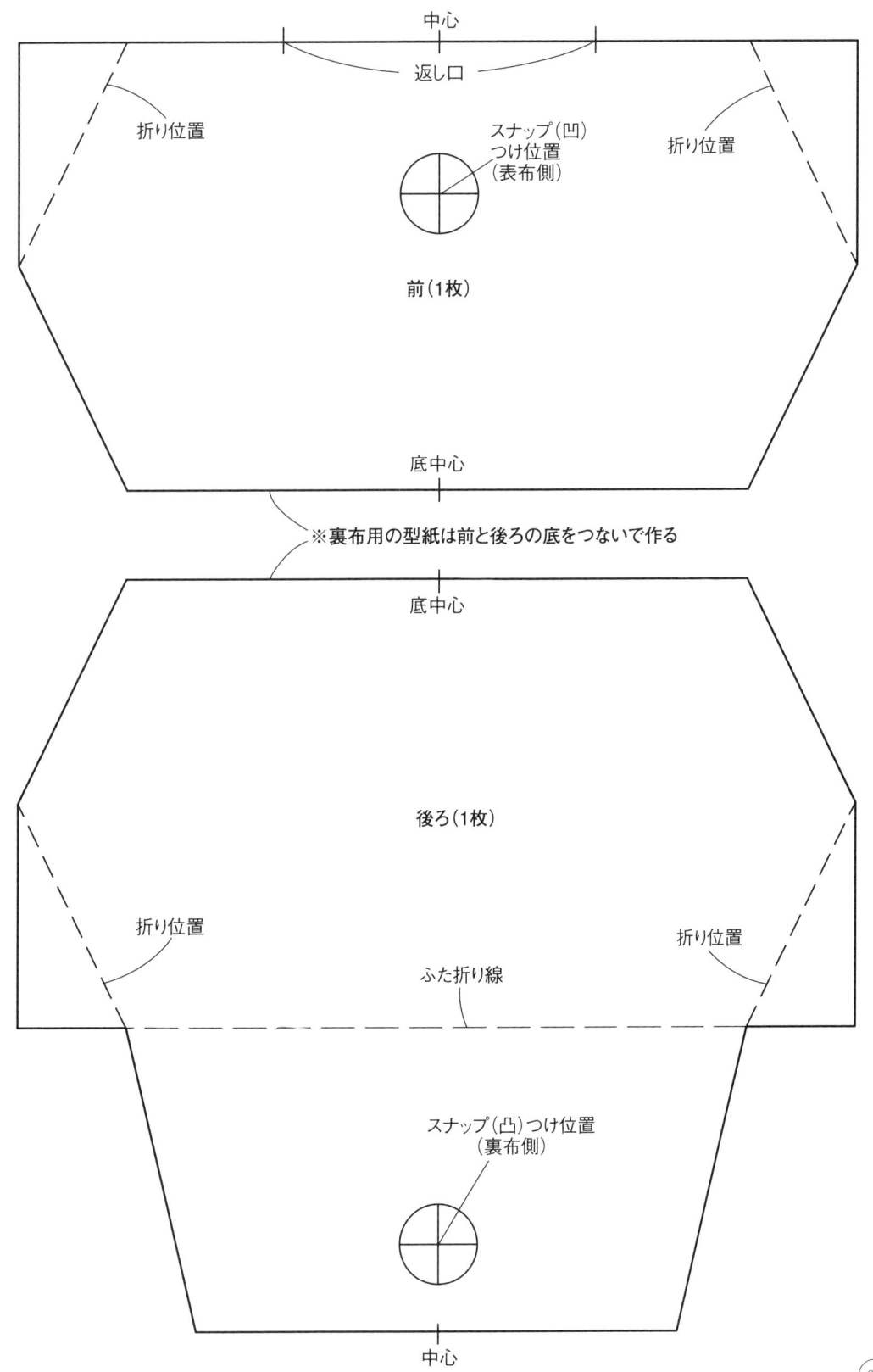

中心

返し口

折り位置

折り位置

スナップ（凹）
つけ位置
（表布側）

前（1枚）

底中心

※裏布用の型紙は前と後ろの底をつないで作る

底中心

後ろ（1枚）

折り位置

折り位置

ふた折り線

スナップ（凸）つけ位置
（裏布側）

中心

29. 文字あそびのハンドバッグ　P.52

材料

・表布用ウールストライプ（持ち手分含む）45×50cm
・中袋用布（内ポケット分含む）、接着芯各90×30cm
・直径2cm縫いつけ型マグネットボタン1組
・アップリケ用フェルトアイボリー、
　25番刺しゅう糸アイボリー各適宜

作り方のポイント

・英文字を構成するアップリケは、フェルトを裁ち切りでカットし、つけ位置にボンドで仮どめしてから周囲をブランケット・S（縫い糸）で縫いとめる。
・英文字周りの刺しゅうは、アップリケをし残したラインと、アップリケしたフェルトの縁取りを続けてステッチする。
・アウトライン・Sとブランケット・Sの刺し方は69ページを参照。

▶**本体の型紙はP.95**

中袋（2枚）

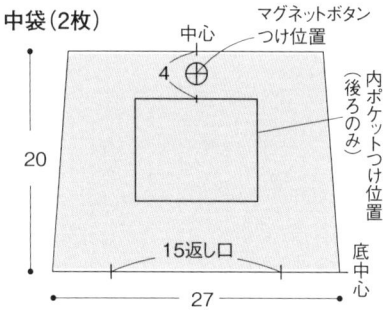

※口側に縫い代3cm、その他は縫い代1cmつけて裁つ
※裏に裁ち切りの接着芯を貼る

<中袋の作り方>

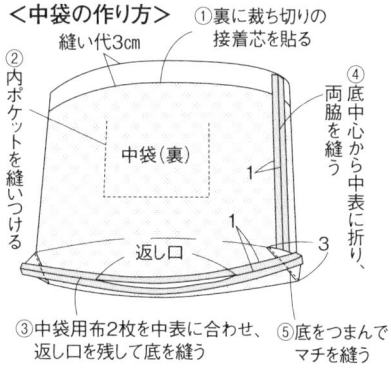

本体（1枚）

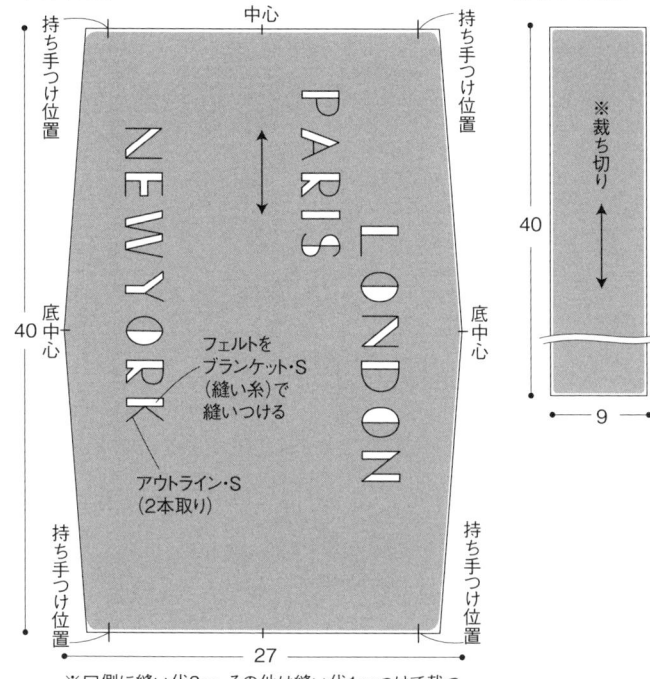

※口側に縫い代3cm、その他は縫い代1cmつけて裁つ

持ち手（1枚）

※裁ち切り
40
9

内ポケット（1枚）

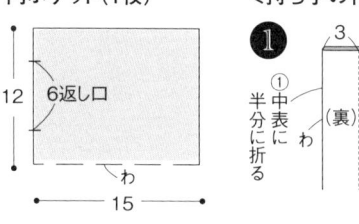

<持ち手の作り方>

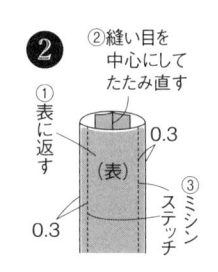

<内ポケットの作り方>

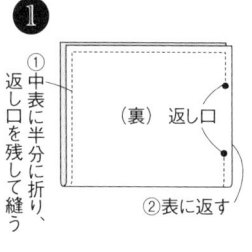

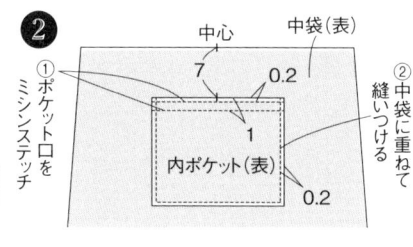

<作り方>

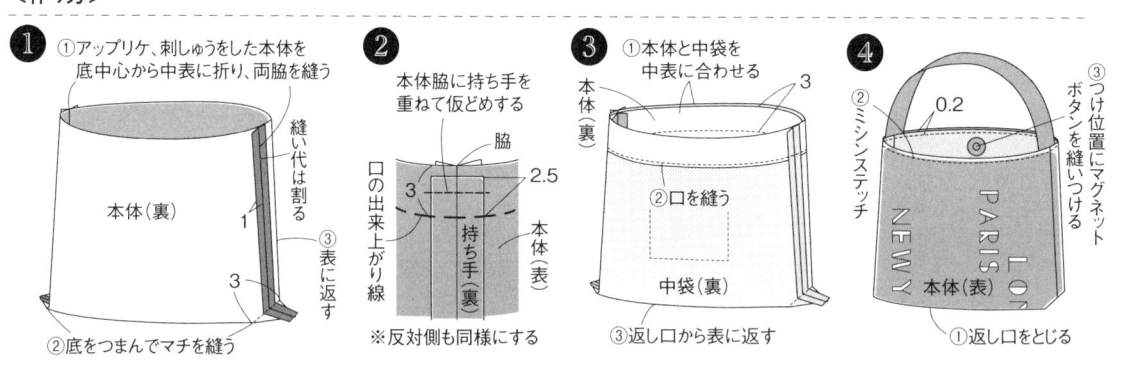

本体の 50% 縮小型紙

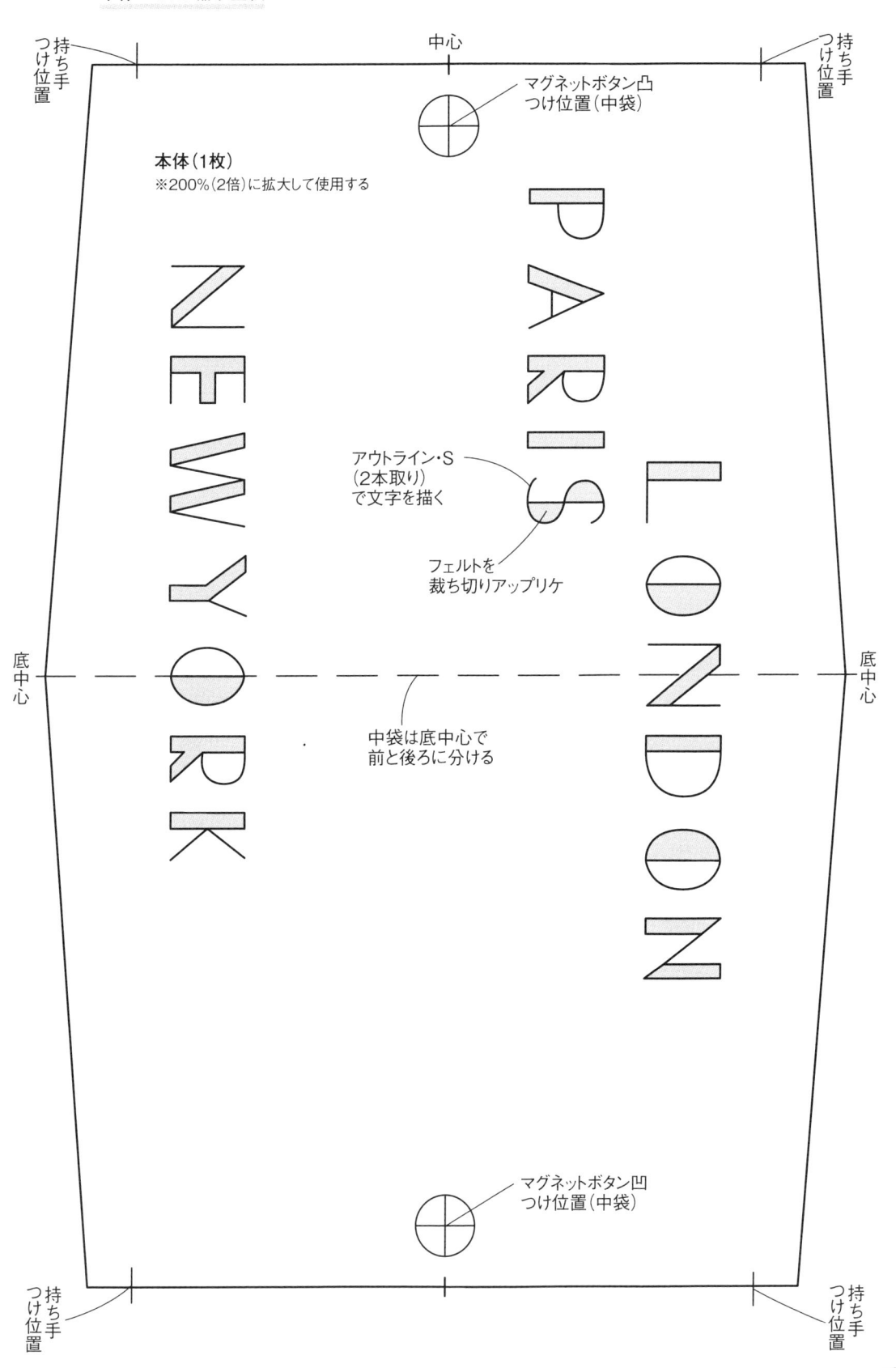

持ち手
つけ位置

中心

持ち手
つけ位置

マグネットボタン凸
つけ位置（中袋）

本体（1枚）
※200%（2倍）に拡大して使用する

アウトライン・S
（2本取り）
で文字を描く

フェルトを
裁ち切りアップリケ

底中心

底中心

中袋は底中心で
前と後ろに分ける

マグネットボタン凹
つけ位置（中袋）

持ち手
つけ位置

持ち手
つけ位置

30. 文字あそびの長財布 **P.53**

材料

- 表布用ウールストライプ25×25cm
- 裏布(仕切りマチ、カード入れ、ポケット分含む) 95×35cm
- パイピング用薄手ウール無地黒60×60cm
- 接着芯80×35cm
- 長さ40cmファスナー黒、 長さ14cmファスナーベージュ各1本
- アップリケ用フェルト黒、25番刺しゅう糸各適宜

作り方のポイント

- 数字を構成するアップリケは、フェルトを裁ち切りでカットし、つけ位置にボンドで仮どめしてから周囲をブランケット・S(縫い糸)で縫いとめる。
- 数字周りの刺しゅうは、アップリケし残したラインとアップリケの縁どりを続けてステッチする。
- アウトライン・Sとブランケット・Sの刺し方は69ページを参照。

▶**仕切りマチの型紙はP.97**
 本体の型紙はP.98

パイピング用布(1枚)

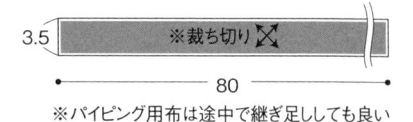

3.5 ※裁ち切り
80

※パイピング用布は途中で継ぎ足ししても良い

本体(1枚)

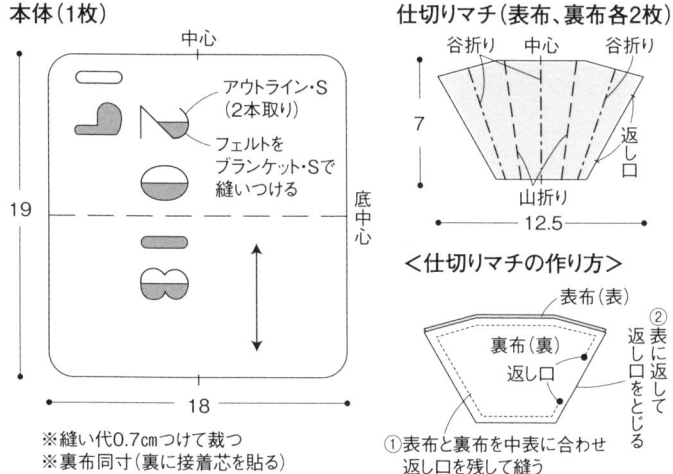

中心
アウトライン・S (2本取り)
フェルトをブランケット・Sで縫いつける
底中心
19
18

※縫い代0.7cmつけて裁つ
※裏布同寸(裏に接着芯を貼る)

仕切りマチ(表布、裏布各2枚)

谷折り 中心 谷折り
7
返し口
山折り
12.5

＜仕切りマチの作り方＞

表布(表)
裏布(裏)
返し口
②表に返して返し口をとじる

①表布と裏布を中表に合わせ返し口を残して縫う

ポケッA・B(各1枚)

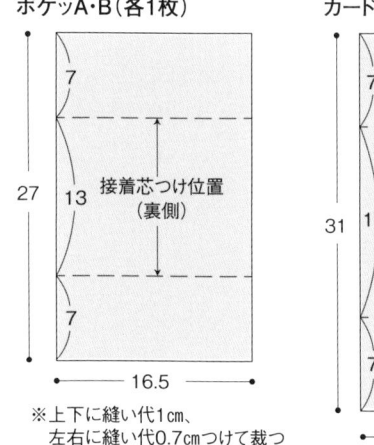

7
27 13 接着芯つけ位置 (裏側)
7
16.5

※上下に縫い代1cm、左右に縫い代0.7cmつけて裁つ

カード入れ(1枚)

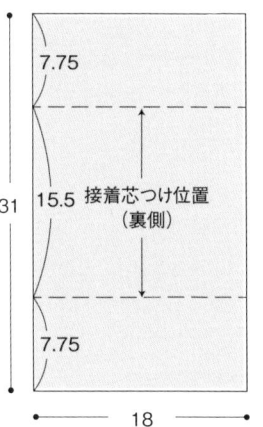

7.75
31 15.5 接着芯つけ位置 (裏側)
7.75
18

＜ポケットAの作り方＞

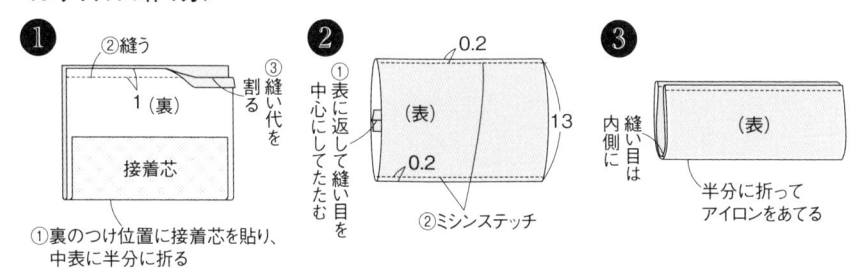

❶ ②縫う
1(裏)
③縫い代を割る
接着芯
①裏のつけ位置に接着芯を貼り、中表に半分に折る

❷ 0.2
①表に返して縫い目を中心にしてたたむ
(表) 13
0.2
②ミシンステッチ

❸
(表)
縫い目は内側に
半分に折ってアイロンをあてる

＜ポケットBの作り方＞

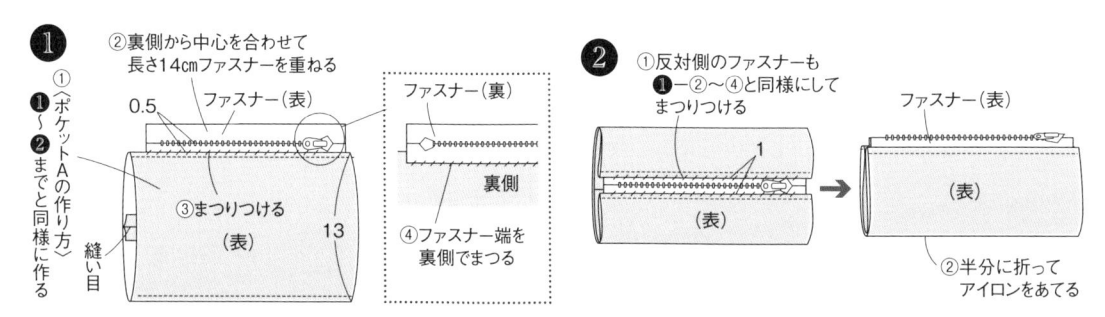

❶
①〈ポケットAの作り方〉❶〜❷までと同様に作る
②裏側から中心を合わせて長さ14cmファスナーを重ねる
0.5
ファスナー(表)
③まつりつける
(表) 13
縫い目

ファスナー(裏)
裏側
④ファスナー端を裏側でまつる

❷
①反対側のファスナーも❶〜②〜④と同様にしてまつりつける
1
(表)
ファスナー(表)
→
(表)
②半分に折ってアイロンをあてる

＜仕切りマチつきポケットの作り方＞

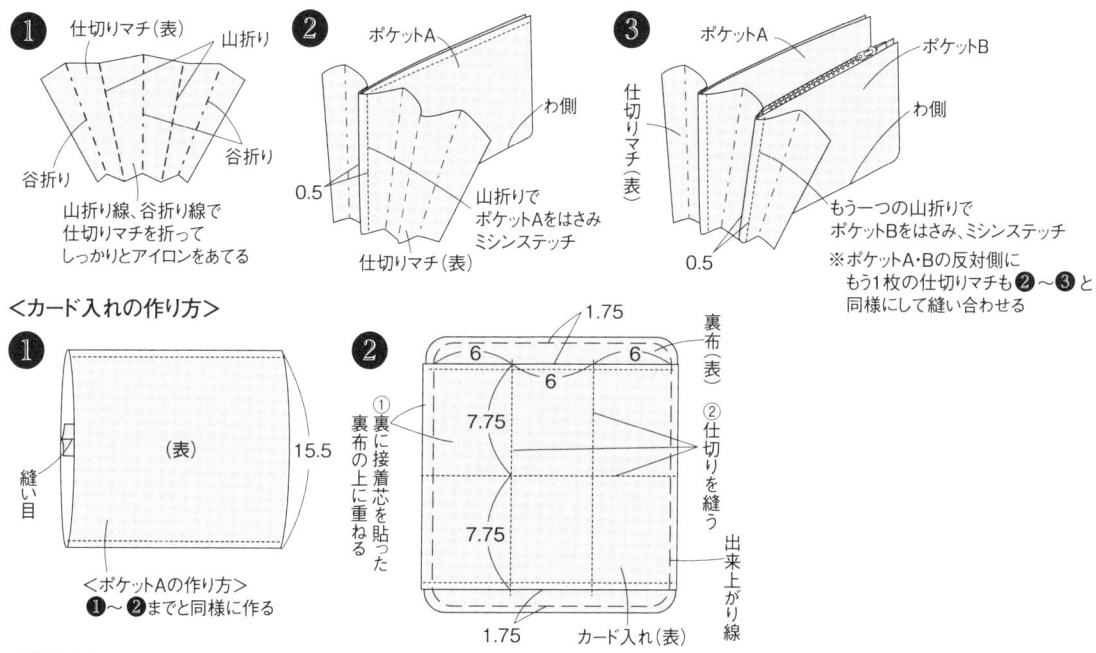

❶ 仕切りマチ（表）　山折り

谷折り　谷折り　山折り

山折り線、谷折り線で
仕切りマチを折って
しっかりとアイロンをあてる

❷ ポケットA　わ側

0.5

山折りで
ポケットAをはさみ
ミシンステッチ

仕切りマチ（表）

❸ ポケットA　ポケットB

仕切りマチ（表）　わ側

0.5

もう一つの山折りで
ポケットBをはさみ、ミシンステッチ

※ポケットA・Bの反対側に
もう1枚の仕切りマチも❷〜❸と
同様にして縫い合わせる

＜カード入れの作り方＞

❶ （表）　15.5

縫い目

＜ポケットAの作り方＞
❶〜❷までと同様に作る

❷ 1.75

6　6　6

裏布（表）

7.75

①裏に接着芯を貼った
裏布の上に重ねる

②仕切りを縫う

7.75

1.75　カード入れ（表）

出来上がり線

＜作り方＞

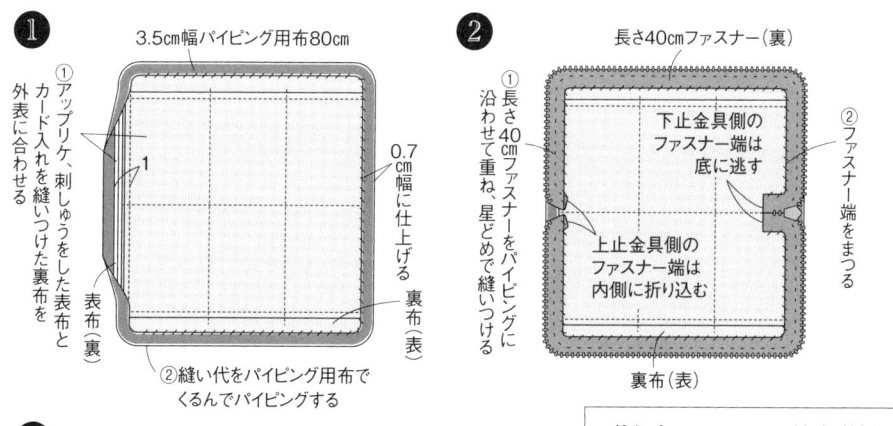

❶ 3.5cm幅パイピング用布80cm

①アップリケ、
刺しゅうを
した表布と
カード入れを縫いつけた裏布を
外表に合わせる

1

0.7
cm幅に仕上げる

表布（裏）

裏布（表）

②縫い代をパイピング用布で
くるんでパイピングする

❷ 長さ40cmファスナー（裏）

①長さ
40cmファスナーを
沿わせて重ね、星どめで縫いつける

下止金具側の
ファスナー端は
底に逃す

②ファスナー端をまつる

上止金具側の
ファスナー端は
内側に折り込む

裏布（表）

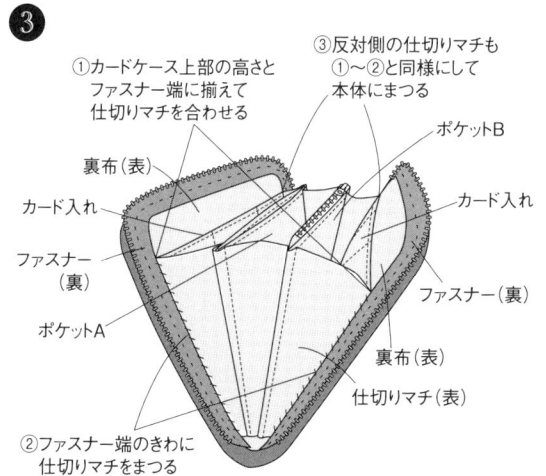

❸ ①カードケース上部の高さと
ファスナー端に揃えて
仕切りマチを合わせる

③反対側の仕切りマチも
①〜②と同様にして
本体にまつる

ポケットB

裏布（表）

カード入れ

ファスナー
（裏）

ポケットA

ファスナー（裏）

裏布（表）

仕切りマチ（表）

②ファスナー端のきわに
仕切りマチをまつる

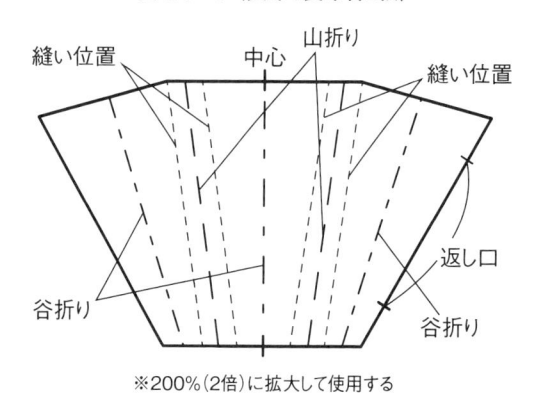

仕切りマチの50%縮小型紙

仕切りマチ（表布、裏布各2枚）

縫い位置　中心　山折り　縫い位置

返し口

谷折り　谷折り

※200%（2倍）に拡大して使用する

前中心

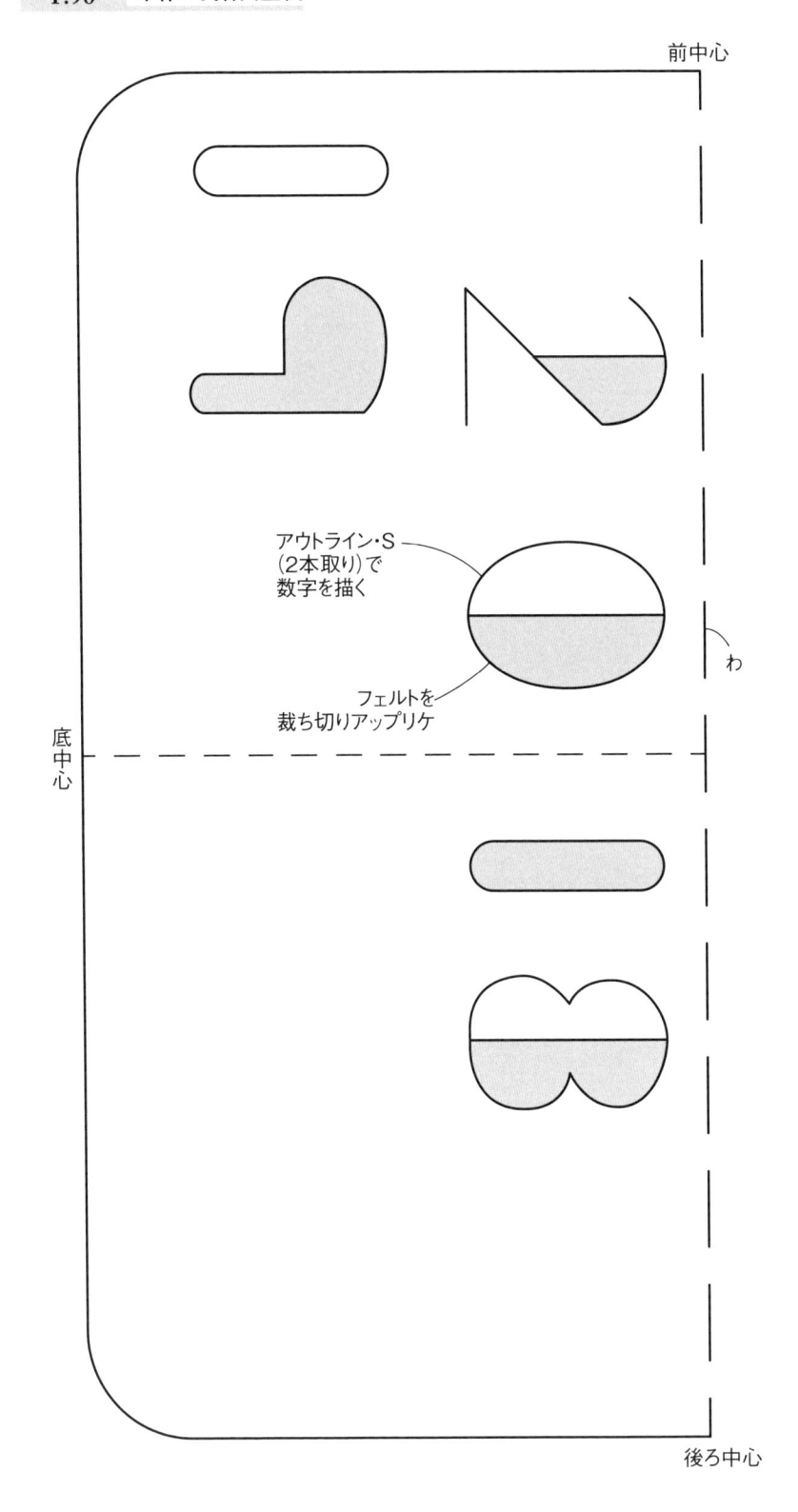

アウトライン・S
（2本取り）で
数字を描く

フェルトを
裁ち切りアップリケ

わ

底中心

後ろ中心

23. ウール＋リックラックテープのバッグ　P.46

材料

- 表布用ウール千鳥格子70×35cm
- 中袋用リネン黒
  （内ポケット、持ち手分含む）110×45cm
- 幅0.8cmリックラックテープ白100cm
- 幅0.8cmリックラックテープこげ茶60cm
- 幅0.8cmリックラックテープ緑50cm
- 幅0.8cmリックラックテープ薄茶10cm
- 幅0.6cmリックラックテープ薄茶50cm
- 幅0.6cmリックラックテープ黒150cm
- 幅0.4cmリックラックテープ薄茶110cm
- 幅0.4cmリックラックテープベージュ70cm
- 幅0.4cmリックラックテープこげ茶40cm
- 直径0.8cm、直径1.2cmボタン各1個

作り方のポイント

- 上記のリックラックテープの幅は山から谷の長さを示す。
- 花A～Gのリックラックテープのたたみ方は31ページ「リックラックテープのブローチ（グレー）」の作り方①～②を参照して円に形を整える。
- 茎のリックラックテープは右図を参考にして前表布の好みの位置にまつり、上部先端に花A～Gを縫いつける。

前・後ろ（各1枚）

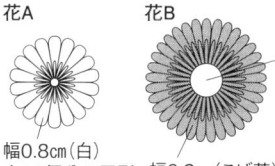

持ち手つけ位置　中心　4.5　4.5

30　28

花A　花C　花E　花D　花F　花G　花B

幅0.4cm（薄茶）　13.5　11　11　10.5　幅0.4cm（こげ茶）　幅0.4cm（ベージュ）

幅0.6cm（黒）　8　7　7.5

4　3.5　3　3　2.5　2　2.5　3

幅0.8cm（緑）　幅0.8cm（薄茶）　幅0.6cm（黒）

※口側に縫い代3cm、その他に縫い代1.5cmつけて裁つ

持ち手（2本）

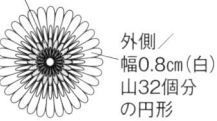

43　10　※裁ち切り

① 外表に四つ折りする（表）
② ミシンステッチ
③ 中心に幅0.4cmリックラックテープ（薄茶）をまつる
2.5

＜花A～Gの構成＞

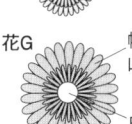

花A
幅0.8cm（白）
山18個分の円形

花B
幅0.8cm（こげ茶）
山33個分の円形
中心に直径1.2cmボタンを縫いつける

花C
幅0.8cm（緑）
山16個分の円形

花D
内側／幅0.4cm（ベージュ）山20個分の円形
外側／幅0.8cm（白）山32個分の円形

花E
外側／幅0.6cm（黒）山50個分の円形
中側／幅0.6cm（黒）山27個分の円形
内側／幅0.4cm（こげ茶）山20個分の円形

花F
幅0.4cm（ベージュ）山30個分の円形

花G
幅0.6cm（薄茶）山26個分の円形
中心に直径0.8cmのボタンを縫いつける

中袋（2枚）

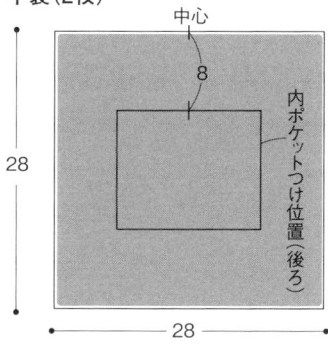

中心　8
内ポケットつけ位置（後ろ）
28　28

内ポケット（1枚）

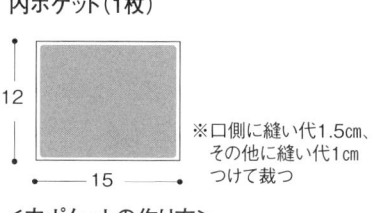

12　15

※口側に縫い代1.5cm、その他に縫い代1cmつけて裁つ

＜内ポケットの作り方＞

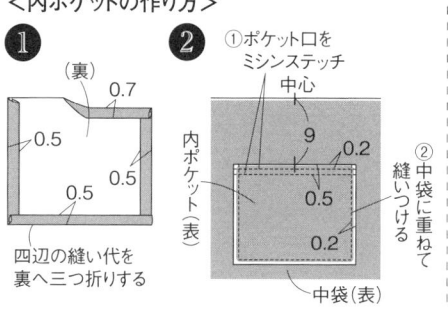

❶ （裏）0.7　0.5　0.5　0.5
四辺の縫い代を裏へ三つ折りする

❷ ①ポケット口をミシンステッチ
中心　9　0.2
内ポケット（表）
0.5　0.2
②中袋に重ねて縫いつける
中袋（表）

＜作り方＞

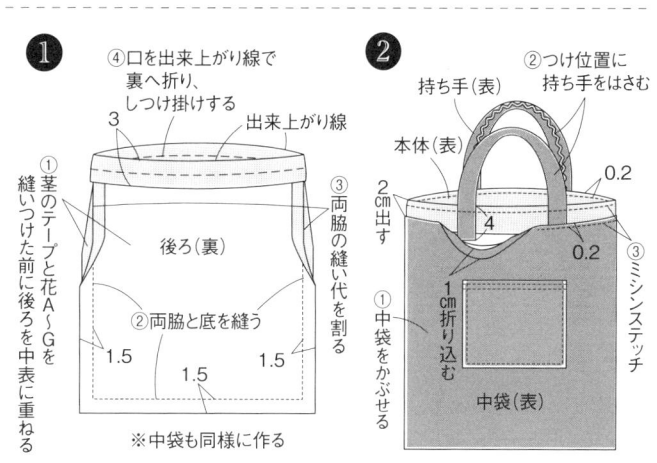

❶
④口を出来上がり線で裏へ折り、しつけ掛けする
出来上がり線
3
①茎のテープと花A～Gを縫いつけた前に後ろを中表に重ねる
後ろ（裏）
③両脇の縫い代を割る
②両脇と底を縫う
1.5　1.5　1.5
※中袋も同様に作る

❷
②つけ位置に持ち手をはさむ
持ち手（表）
本体（表）
0.2
2cm出す　4　0.2
③ミシンステッチ
①中袋をかぶせる
1cm折り込む
中袋（表）

31. ウールの円形バッグ P.54

材料

- 円モチーフ用ウール11種各40×20cm
- 前用デニム(後ろ、持ち手分含む)115×45cm
- 裏布90×45cm
- 接着芯30×30cm

作り方のポイント

- 円モチーフの形を整えるとき、低温に設定したアイロンで、当て布の上からあてる。
- 円モチーフ用ウールのうち、本体から外にはみ出すJとK用の各2枚の裏には、直径13cmに裁ち切った接着芯を貼っておく。
- 円モチーフは54ページと右図を参照し、好みの位置に縫いつける。このとき、前と後ろは左右対称で配置する。
- 巻きかがりの縫い方は69ページを参照。

▶前と後ろと円モチーフの型紙はP.101

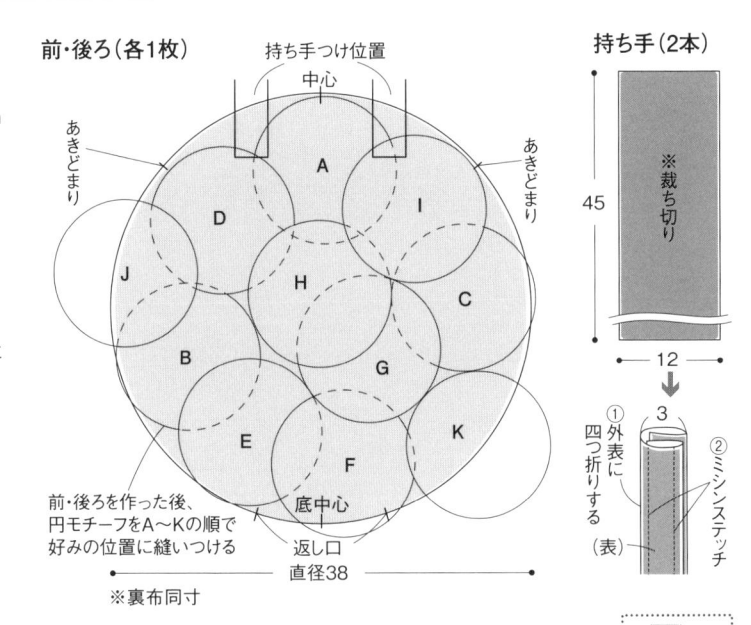

前・後ろ(各1枚)

持ち手つけ位置 / 中心 / あきどまり / あきどまり

前・後ろを作った後、円モチーフをA〜Kの順で好みの位置に縫いつける

底中心 / 返し口 / 直径38 / ※裏布同寸

持ち手(2本) / ※裁ち切り / 45 / 12 / ①外表に四つ折りする / (表) / ②ミシンステッチ / 5 / 0.2 / 3

円モチーフ(22枚)

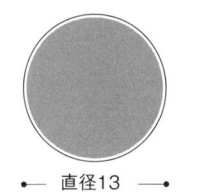

◀━ 直径13 ━▶

※縫い代1.5cmつけて裁つ

<円モチーフの作り方>

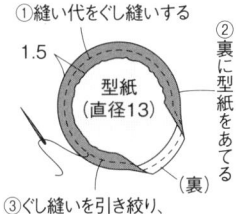

①縫い代をぐし縫いする

1.5 / 型紙(直径13) / ②裏に型紙をあてる / (裏)

③ぐし縫いを引き絞り、型紙に沿って縫い代を裏へ折るアイロンをあてて形を整えて型紙をはずす
※JとKの裏には直径13cmに裁った接着芯を貼っておく

<前の作り方> ※後ろも共通

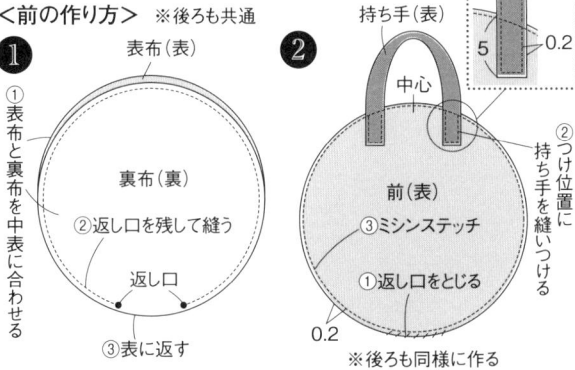

① 表布(表) / 中心

①表布と裏布を中表に合わせる

裏布(裏)

②返し口を残して縫う

返し口

③表に返す

② 持ち手(表)

前(表)

③ミシンステッチ

①返し口をとじる

②つけ位置に持ち手を縫いつける

0.2

※後ろも同様に作る

<作り方>

❶ 注意／後ろは前と左右対称の位置で円モチーフを縫いつける

①円モチーフ11枚の配置を決め、しつけ掛けする

前(表)

0.5

②ミシンステッチをし、しつけ糸をはずす

縫いとめる

A / D / I / J / H / C / B / G / E / F / K

縫いとめる

この段階では本体から外に出ている部分にミシンステッチをかけない

❷

③前後の円モチーフを一緒にミシンステッチ

①前と後ろを外表に合わせる

前(表) / 後ろ(裏)

あきどまり / あきどまり

0.5

J / H / C / F / K

③前後の円モチーフを一緒にミシンステッチ

②あきどまりより下部の裏布同士を巻きかがって袋状にする

②モチーフをよけて巻きかがる

④Fのやや外に出た部分は前後のモチーフ同士をまつる

モチーフをよけて巻きかがる

0.5

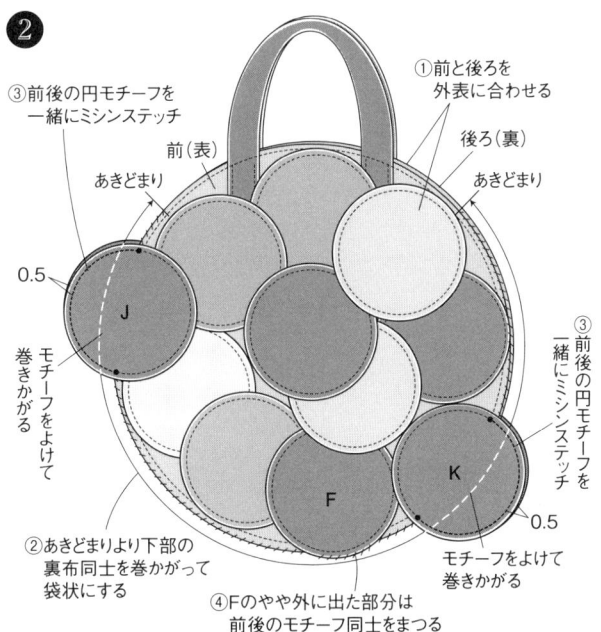

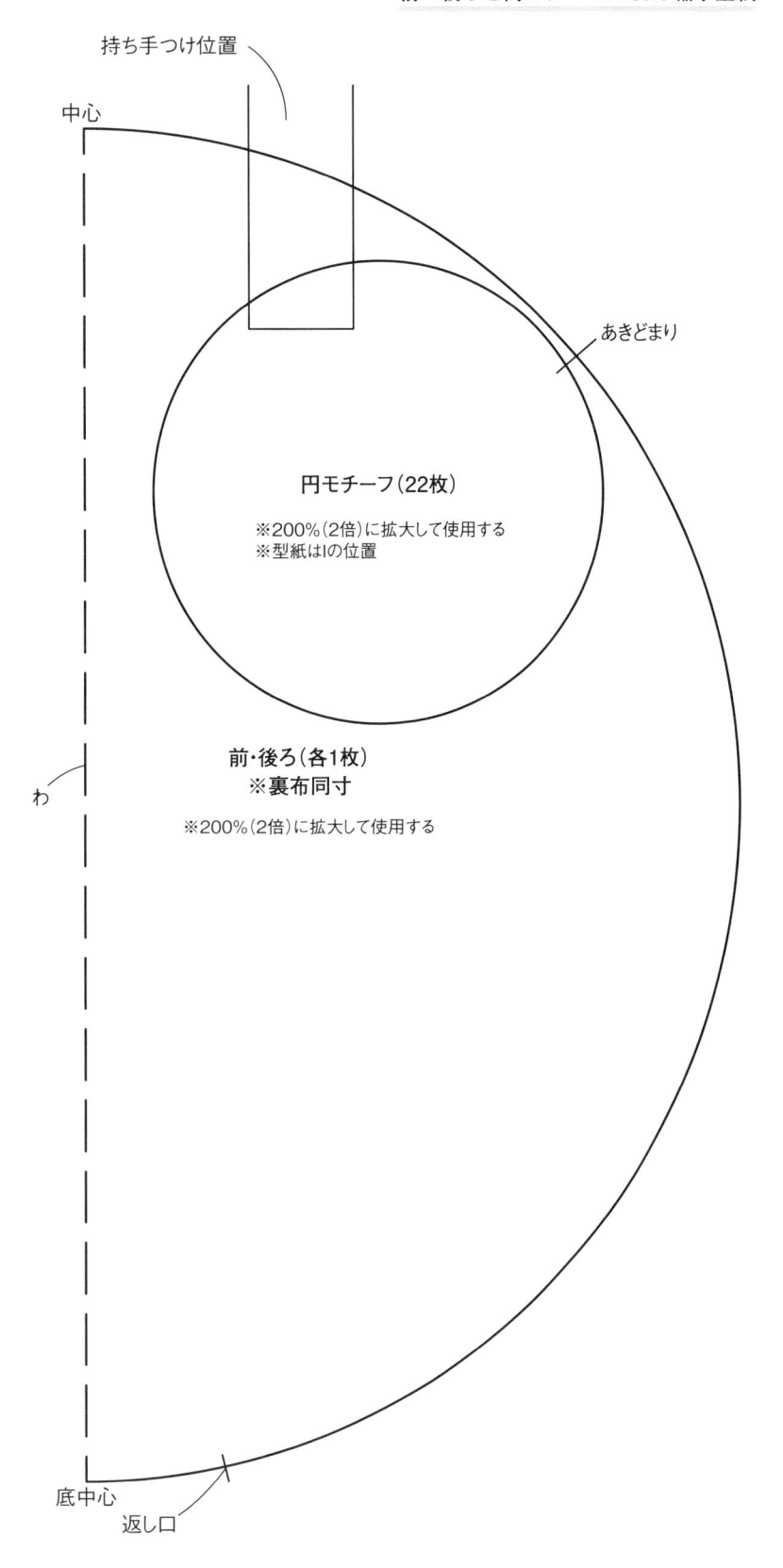

持ち手つけ位置

中心

あきどまり

円モチーフ（22枚）

※200%（2倍）に拡大して使用する
※型紙はIの位置

前・後ろ（各1枚）
※裏布同寸

※200%（2倍）に拡大して使用する

わ

底中心

返し口

32. リネンのビッグトートバッグ P.56

材料

- 本体用リネンベージュ厚地
  （見返し、持ち手、ポーチA〜C用布分含む）80×155cm
- 本体中袋用リネン黒（ポーチ裏布分含む）155×60cm
- 長さ15cm、20cmファスナー各1本
- 直径2.5cmスナップボタン8組

作り方のポイント

- ＜作り方＞❸の本体と中袋のつまみマチの縫い方は、91ページ「ブラウンつなぎのトートバッグ」、＜作り方＞❸を参照する。

本体（1枚）
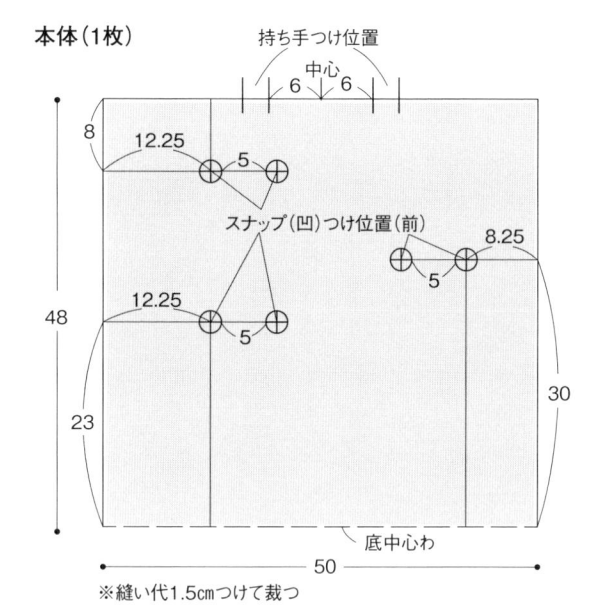
持ち手つけ位置
中心
6　6
8
12.25
5
スナップ（凹）つけ位置（前）
8.25
5
48
12.25
5
23
30
底中心わ
50
※縫い代1.5cmつけて裁つ

見返し（1枚）
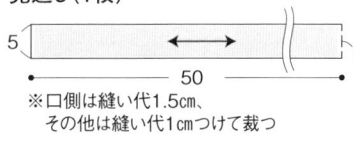
5
50
わ
※口側は縫い代1.5cm、
　その他は縫い代1cmつけて裁つ

＜見返しの作り方＞
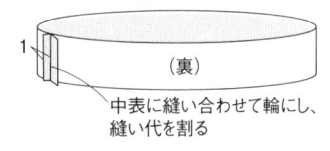
1
（裏）
中表に縫い合わせて輪にし、
縫い代を割る

＜中袋の作り方＞
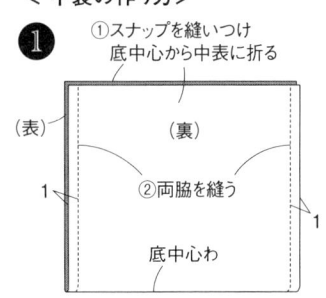
❶
①スナップを縫いつけ
底中心から中表に折る
（表）
1
（裏）
1
②両脇を縫う
底中心わ

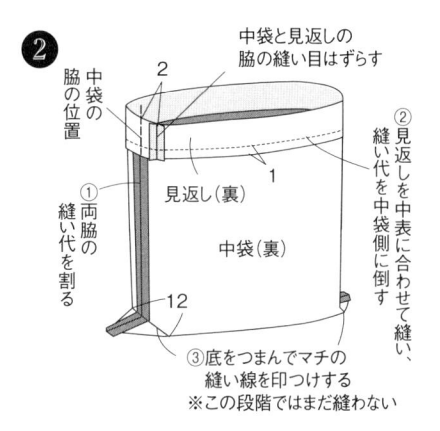
❷
中袋と見返しの
脇の縫い目はずらす
中袋の
脇の
位置
2
①両脇の
縫い代を
割る
見返し（裏）
1
②見返しを中表に合わせて縫い、
縫い代を中袋側に倒す
中袋（裏）
12
③底をつまんでマチの
縫い線を印つけする
※この段階ではまだ縫わない

中袋（1枚）
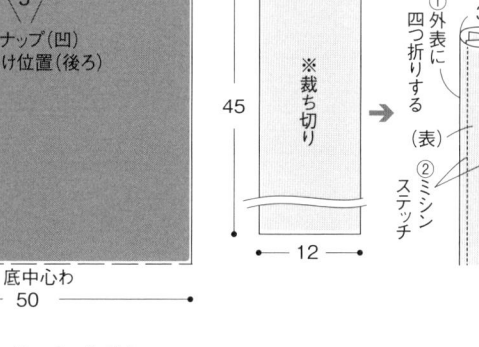
中心
2
5
スナップ（凹）
つけ位置（後ろ）
43
底中心わ
50

持ち手（2本）
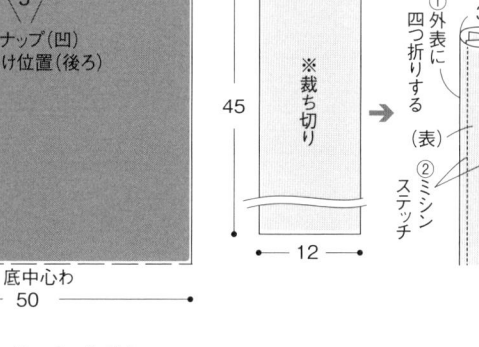
45
※裁ち切り
12
①外表に
四つ折りする
3
（表）
②ミシン
ステッチ

ポーチA（1枚）
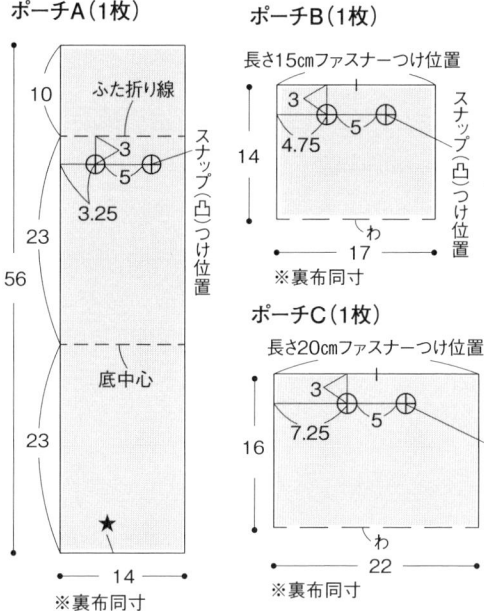
10
ふた折り線
3
3.25
5
23
56
底中心
23
スナップ（凸）つけ位置
★
14
※裏布同寸

ポーチB（1枚）
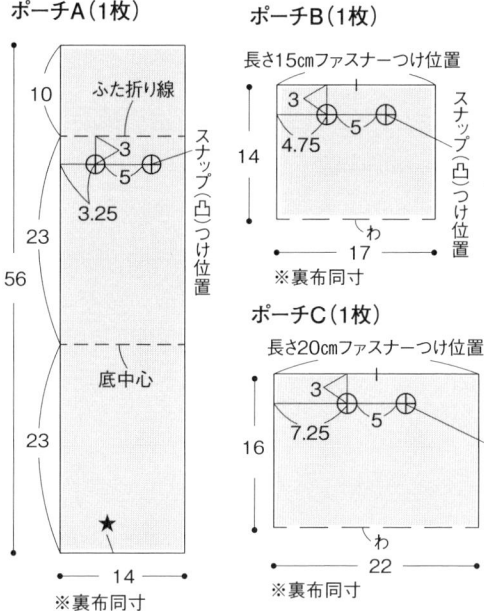
長さ15cmファスナーつけ位置
3
4.75
5
14
スナップ（凸）つけ位置
17
わ
※裏布同寸

ポーチC（1枚）
長さ20cmファスナーつけ位置
3
7.25
5
16
スナップ（凸）つけ位置
22
わ
※裏布同寸

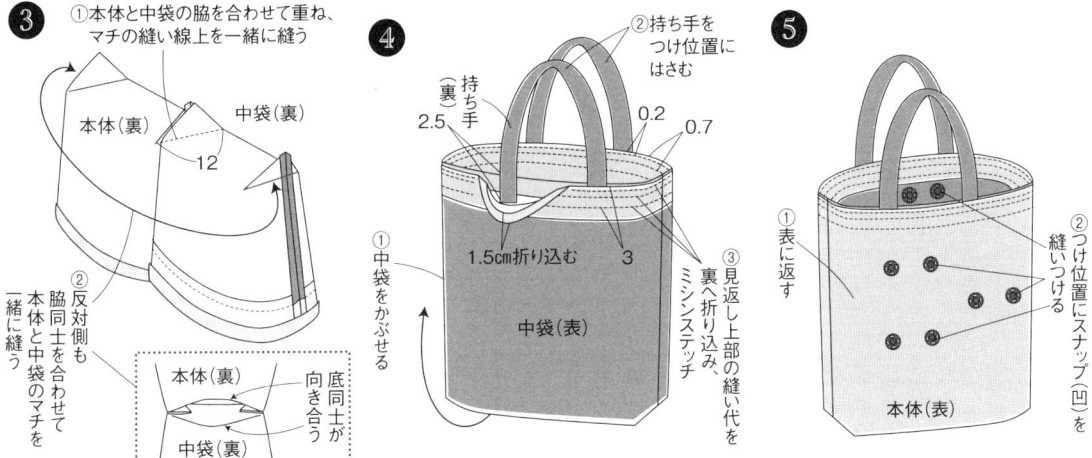

＜ ポーチAの作り方 ＞

❶ 表布（表）
①★側の縫い代を裏へ折ってミシンステッチ
②底中心線で中表に折る
※裏布も同様にする
★ 1 / 23

❷ 表布（表）　裏布（裏）
①表布と裏布を重ねる
②返し口を残して縫う
③表に返す
1 / 返し口

❸ 裏布（表）　裏布（裏）
ポケット口から表に返して表布を外側にする

❹ ②ふた折り線から上をミシンステッチ
裏布（表）　0.2
ふた折り線
①ポケット口をまつる
表布（表）
裏布（表）　2　脇　マチを縫う
③裏に返し、底をたたんでマチを縫う
中袋（裏）

❺ ①表に返す
②つけ位置にスナップ（凸）を縫いつける
表布（表）

＜ ポーチBの作り方 ＞　※ポーチC共通

❶ ①表布の上下の縫い代を1cm裏へ折る
ファスナー（表）
0.2 / 0.2　1
表布（表）
②ファスナーを裏から重ねて縫い合わせる

❷ ①裏布の短辺の縫い代を裏へ折りミシンステッチ
1
0.2
裏布（表）
②底中心で中表に折る

❸ ファスナー（裏）
表布（裏）
②裏布を下に重ねる
裏布（裏）
底中心
①表布を裏に返し、底中心でたたみ直す

❹ ②裏布上部のあき口から表に返す
表布（裏）
裏布（裏）
①本体と裏布の両脇を一緒に縫う

＜作り方＞

❶ ①本体表布を底中心から中表に折る
本体（裏）
1.5　1.5
②両脇を縫う
底中心わ

❷ ①両脇の縫い代を割る
③口の縫い代を裏へ折る
1.5
本体（裏）
12
②底をつまんでマチの縫い線を印つけする
※この段階ではまだ縫わない
脇　12　印つけする

❺ ①裏布の口をファスナー端にまつる
裏布（表）
2
②底をつまんでマチを縫う

❻ ①表に返す
②つけ位置にスナップ（凸）を縫いつける
本体（表）

❸ ①本体と中袋の脇を合わせて重ね、マチの縫い線上を一緒に縫う
本体（裏）　中袋（裏）
12
②反対側も脇同士を合わせて本体と中袋のマチを一緒に縫う
本体（裏）　中袋（裏）　底同士が向き合う

❹ ②持ち手をつけ位置にはさむ
持ち手（裏）
2.5　0.2　0.7
1.5cm折り込む　3
③見返し上部の縫い代を裏へ折り込み、ミシンステッチ
①中袋をかぶせる
中袋（表）

❺ ①表に返す
②つけ位置にスナップ（凹）を縫いつける
本体（表）

34. リネンのはぎれコラージュバッグ P.59

材料

- コラージュ用リネンはぎれ各種
- 前用リネン(後ろ、底、持ち手用分含む)110×70cm
- 中袋用厚手無地110×35cm
- 片面接着キルト綿30×10cm

作り方のポイント

- 前・後ろのコラージュ用はぎれは、裁ち端がほつれすぎないように、バイアス地でカットして形を整えたものや布の耳部分を使用する。
- はぎれは59ページや右図を参照して自由に重ね合わせながら配置し、表側に出る辺の裁ち端から2mm内側をミシンで縫う。
- 中袋を作るときは、出来上がり線より2mm程内側を縫ってやや小さく仕立てる。

▶前・後ろと底の型紙はP.105

前・後ろ(各1枚)

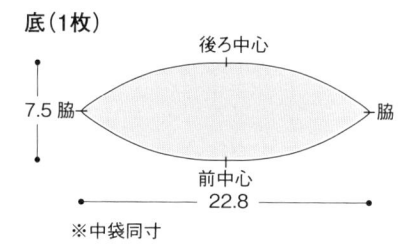

★(持ち手つけどまり)
中心
脇
脇

バイアス地で好みの形にカットしミシンステッチで縫いつける

0.2

28.7

布の耳を使うときは、耳以外の辺を別のはぎれの下に隠して配置し、ほつれにくくする

46.5

※口側は縫い代3cm、その他は縫い代1cmをつけて裁つ
※中袋同寸

持ち手(2本)

13

※裁ち切り ⊠

64

底(1枚)

後ろ中心
7.5 脇 ← → 脇
前中心
22.8

※中袋同寸

<持ち手の作り方>

① 2
②縫う
(裏)
4.5
①中表に半分に折る

② ①縫い目を中心にしてたたみ直す
(裏)
30
17
4 接着キルト綿
②縫い代の上に30×4cmの接着キルト綿を貼る

③ ①表に返す
62
(表) 4.5
1
②端を1cm内側に折り込む
※反対側も
0.2
③ミシンステッチ
※反対側も

<作り方>

① ①はぎれを縫いつけた前と後ろを中表に合わせる
前(表)
②両脇を縫う
後ろ(裏)
1
1
※中袋も同様に作る
(②のとき、出来上がり線より2mm内側を縫い、返し口を残す)

② 後ろ(裏)
①両脇の縫い代を割る
1
底(裏)
②底を中表に合わせて縫う
※中袋も同様に作る

③ ①本体と中袋を中表に合わせる
本体(裏)
返し口
②縫う
3
③表に返す
中袋(裏)

④ ②口をぐるりとミシンステッチ
0.2
本体(表)
①返し口をとじる

⑤ ①持ち手を半分に折り、両脇から16cm分本体の口をはさむ
②脇から脇まで続けてミシンステッチ
脇
口30cmをはさまない
16cmはさむ
0.2
本体(表)
16cmはさむ
脇
★
③脇でつき合わせた持ち手同士をまつる

前・後ろと底の 50% 縮小型紙

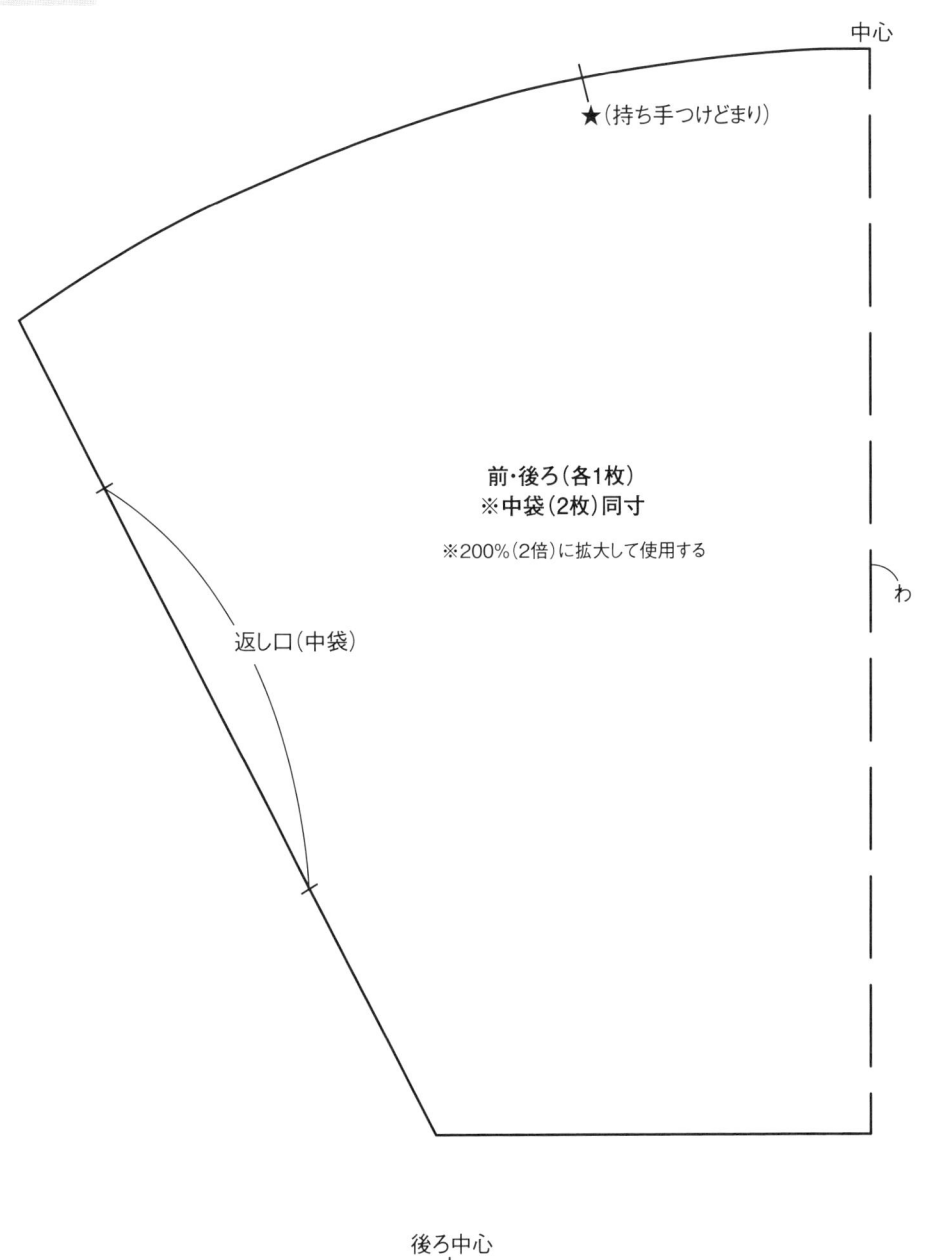

中心

★（持ち手つけどまり）

前・後ろ（各1枚）
※中袋（2枚）同寸

※200%（2倍）に拡大して使用する

わ

返し口（中袋）

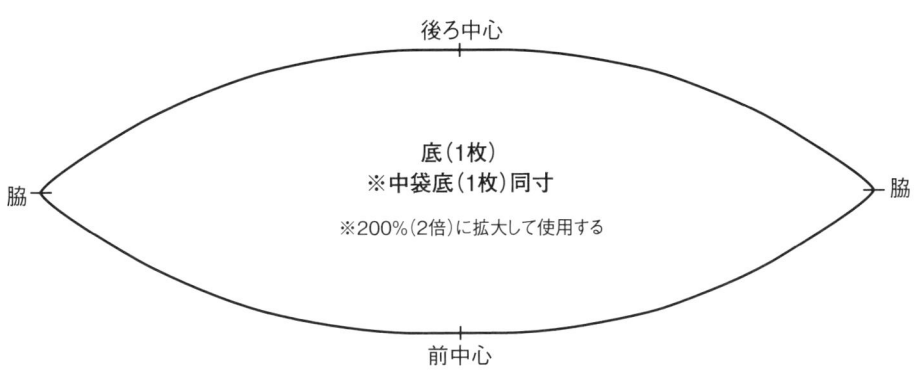

後ろ中心

底（1枚）
※中袋底（1枚）同寸

※200%（2倍）に拡大して使用する

脇

脇

前中心

33. リネンのログキャビンバッグ　P.58

材料

・ピーシング用リネンはぎれ各種　・ブロック土台布100×50cm
・A用リネン(底、持ち手用分含む)、中袋用布(内ポケット分含む)、裏打ち布、薄手キルト綿各100×40cm

作り方のポイント

・「ログキャビン」のブロック㋐～㋖の分割線と接ぎ順は、108ページの型紙を参考にし、好みの分割でまとめる。
・作品では「ログキャビン」のブロックを構成するピースの一部に布の耳を使用。
　この場合、ブロックの外側のピースに配置し、外表に重ねて布端をミシンステッチで縫いとめる。

▶「ログキャビン」のブロック㋐～㋖の型紙はP.108

側面(1枚)

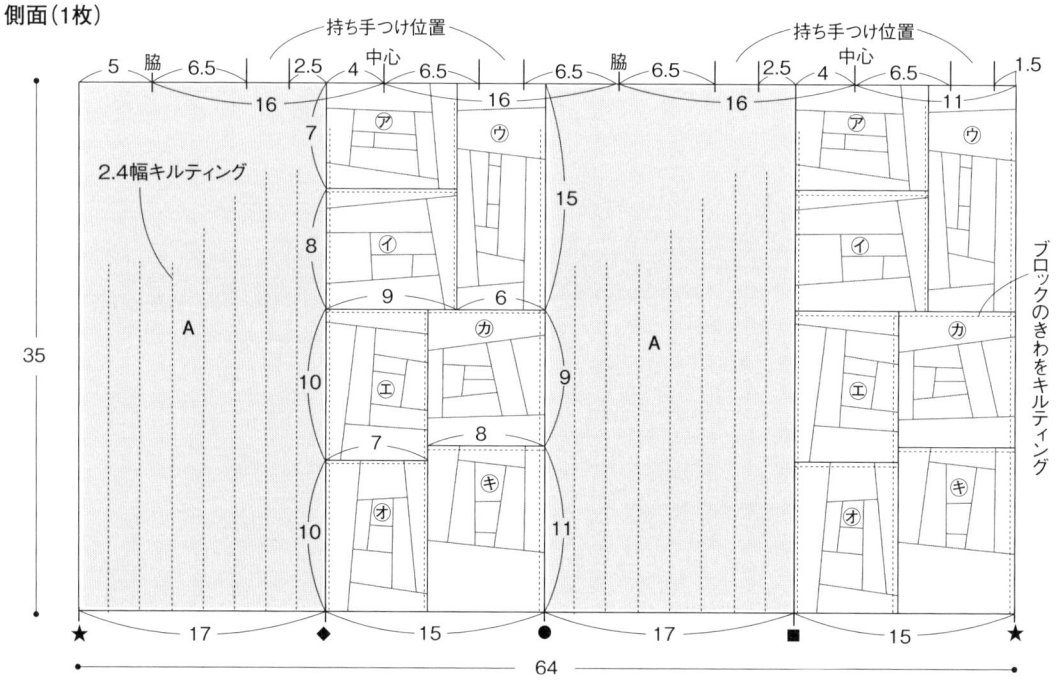

※口側は縫い代2cm、その他は縫い代1cmをつけて裁つ

底(1枚)

持ち手(2本)

中袋(1枚)

内ポケット(1枚)

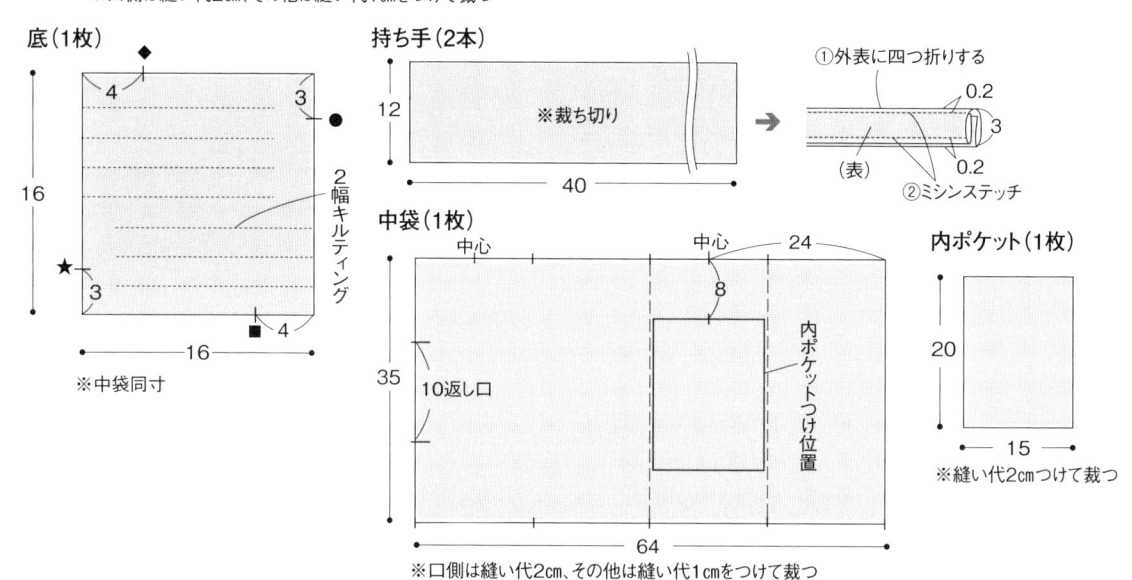

※中袋同寸

①外表に四つ折りする
②ミシンステッチ

※口側は縫い代2cm、その他は縫い代1cmをつけて裁つ

※縫い代2cmつけて裁つ

＜内ポケットの作り方＞

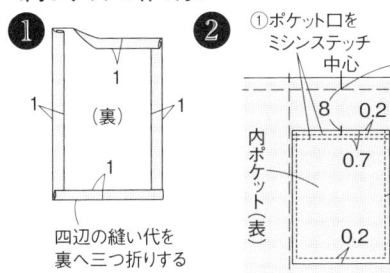

❶ 四辺の縫い代を
裏へ三つ折りする

（裏）

❷ ①ポケット口を
ミシンステッチ
中心

24
8　0.2
0.7
0.2

中袋（表）

内ポケット
（表）

②中袋に重ねて
縫いつける

出来上がり線

＜中袋の作り方＞

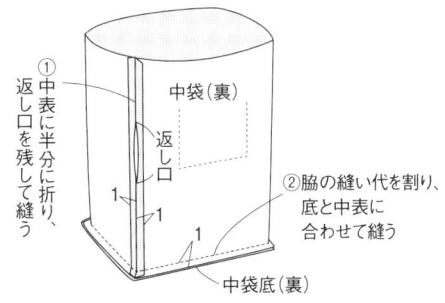

①中表に半分に折り、
返し口を残して縫う

中袋（裏）

返し口

②脇の縫い代を割り、
底と中表に
合わせて縫う

中袋底（裏）

＜ログキャビンのブロックの縫い方＞

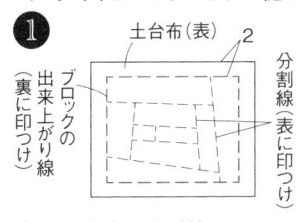

❶ 土台布（表）

2

分割線（表に印つけ）

ブロックの
出来上がり線
（裏に印つけ）

ブロックの出来上がり寸法に
縫い代2cmつけて裁った土台布を用意
裏にブロックの出来上がり線を
表側に各ピースの分割線を印つけする

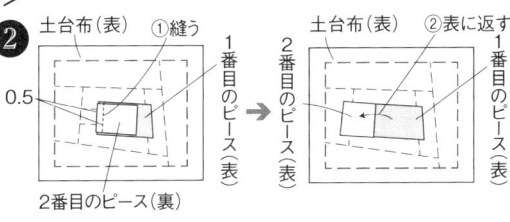

❷ 土台布（表）　①縫う

0.5

1番目のピース（表）

2番目のピース（裏）

→ 土台布（表）　②表に返す

2番目のピース（表）

1番目のピース（表）

分割線を参考にやや大きめに裁ったピースをそれぞれ用意
1番目のピースを外表に重ね、
その上に2番目のピースを中表に合わせて縫う（①）
2番目のピースを表に返す（②）

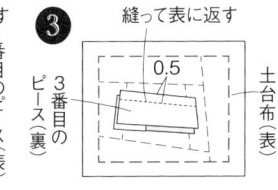

❸ 縫って表に返す

0.5

3番目の
ピース（裏）

土台布（表）

3番目のピースも❷と同様にして
中表に合わせて縫い、表に返す
他のピースも順に縫い合わせて
土台布の表側を埋め、縫い代を
1cmに裁ち揃える

＜作り方＞

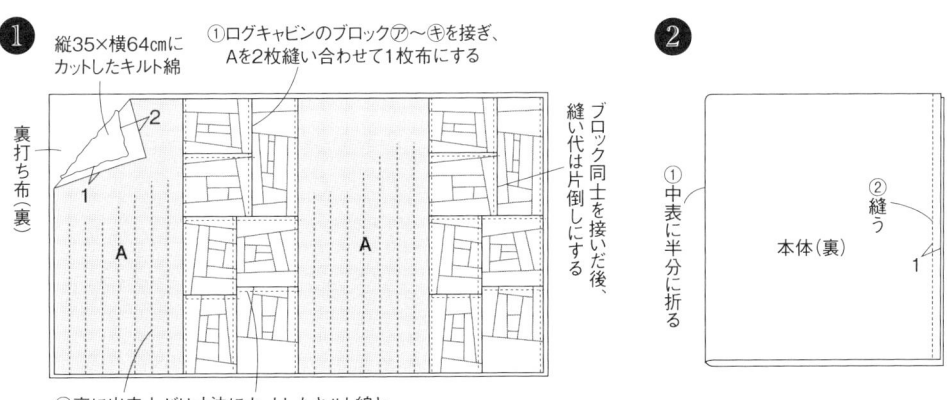

❶ 縦35×横64cmに
カットしたキルト綿

①ログキャビンのブロック㋐〜㋗を接ぎ、
Aを2枚縫い合わせて1枚布にする

裏打ち布（裏）

1

2

A　A

ブロック同士を接いだ後、
縫い代は片倒しにする

②裏に出来上がり寸法にカットしたキルト綿と
裏打ち布を重ねてキルティング

❷

本体（裏）

①中表に半分に折る

②縫う

1

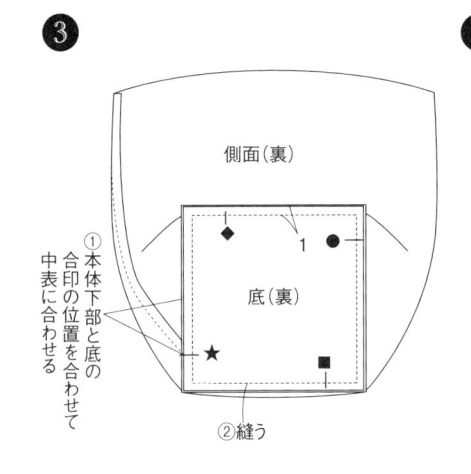

❸

側面（裏）

底（裏）

◆　●

★　■

1

①本体下部と底の
合印の位置を合わせて
中表に合わせる

①本体下部と底の
合印の位置を合わせて
中表に合わせる

②縫う

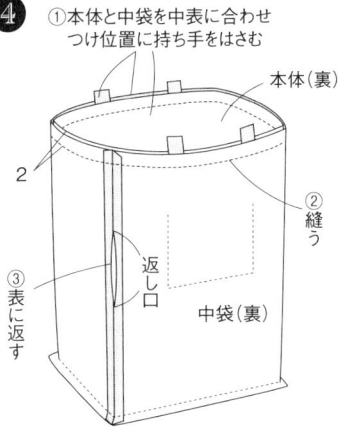

❹

①本体と中袋を中表に合わせ
つけ位置に持ち手をはさむ

本体（裏）

2

②縫う

③表に返す

返し口

中袋（裏）

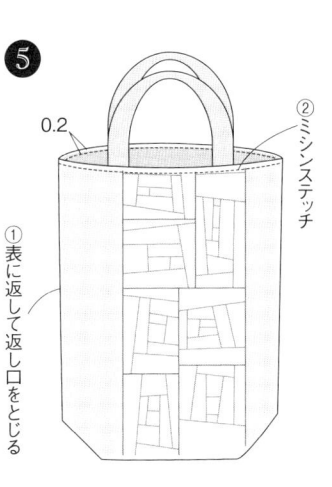

❺

0.2

②ミシンステッチ

①表に返して返し口をとじる

ブロックⓐ　※200%（2倍）に拡大して使用する

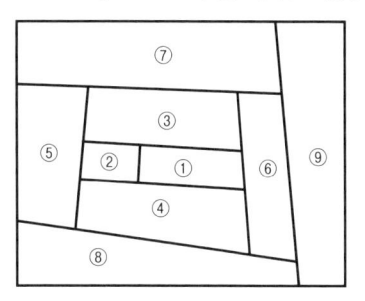

ブロックⓒ
※200%（2倍）に拡大して使用する

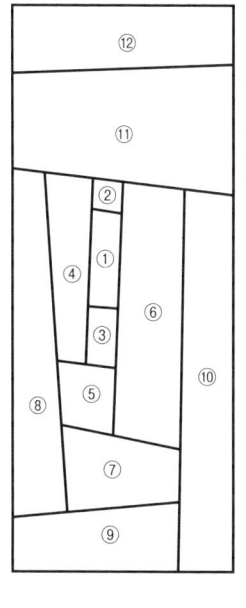

ブロックの接ぎ順
各ブロックを接ぎ合せた後、
❶〜❷の順で1枚布にまとめる

ブロックⓑ　※200%（2倍）に拡大して使用する

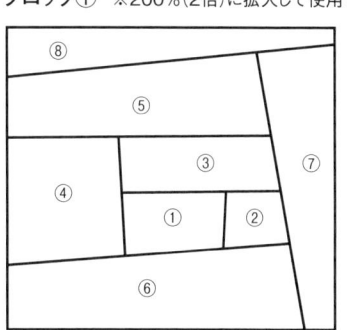

ブロックⓓ　※200%（2倍）に拡大して使用する

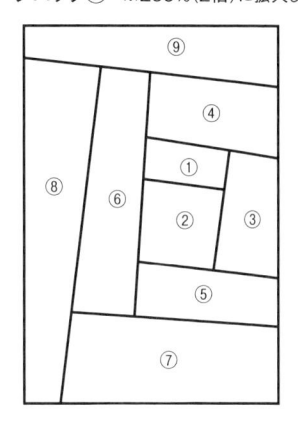

ブロックⓕ　※200%（2倍）に拡大して使用する

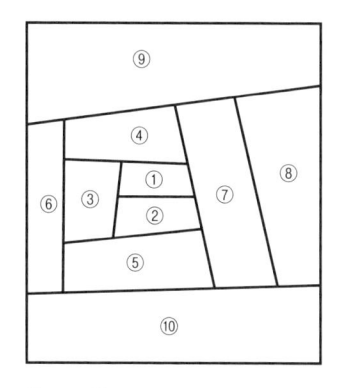

ブロックⓔ　※200%（2倍）に拡大して使用する

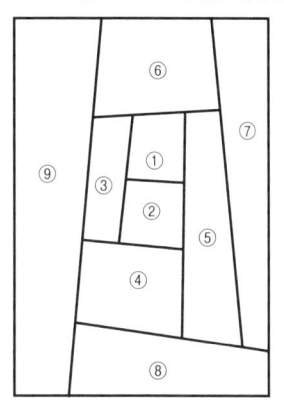

ブロックⓚ　※200%（2倍）に拡大して使用する

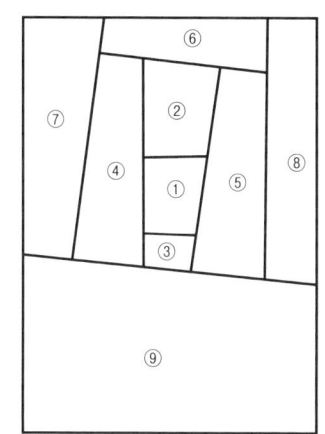

|裁ち切りアップリケで作るブローチ|
※200%(2倍)に拡大して使用する

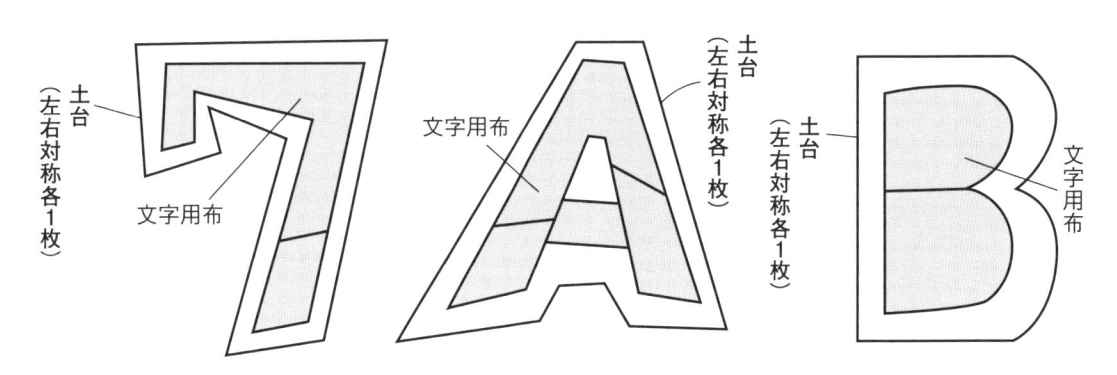

土台
(左右対称各1枚)

土台
(左右対称各1枚)

文字用布

文字用布

土台
(左右対称各1枚)

土台
(左右対称各1枚)

文字用布

|リバースアップリケで作るブローチ|
※200%(2倍)に拡大して使用する

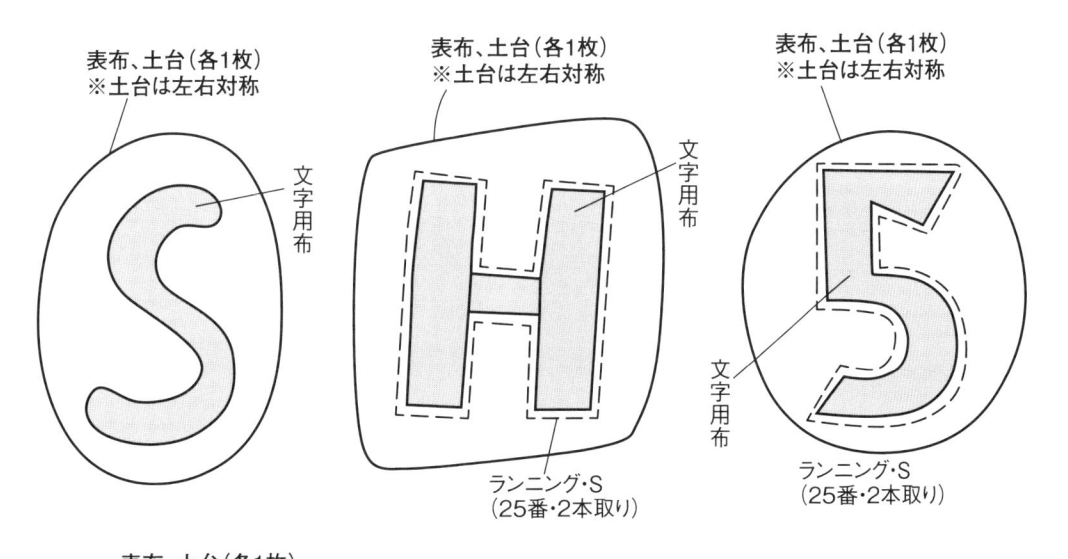

表布、土台(各1枚)
※土台は左右対称

表布、土台(各1枚)
※土台は左右対称

表布、土台(各1枚)
※土台は左右対称

文字用布

文字用布

文字用布

ランニング・S
(25番・2本取り)

ランニング・S
(25番・2本取り)

表布、土台(各1枚)
※土台は左右対称

文字用布

ランニング・S
(25番・2本取り)

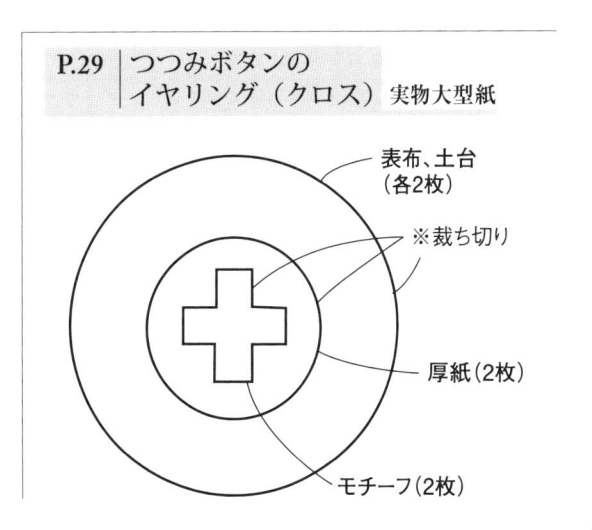

P.29 つつみボタンの
イヤリング（クロス）実物大型紙

表布、土台
(各2枚)

※裁ち切り

厚紙(2枚)

モチーフ(2枚)

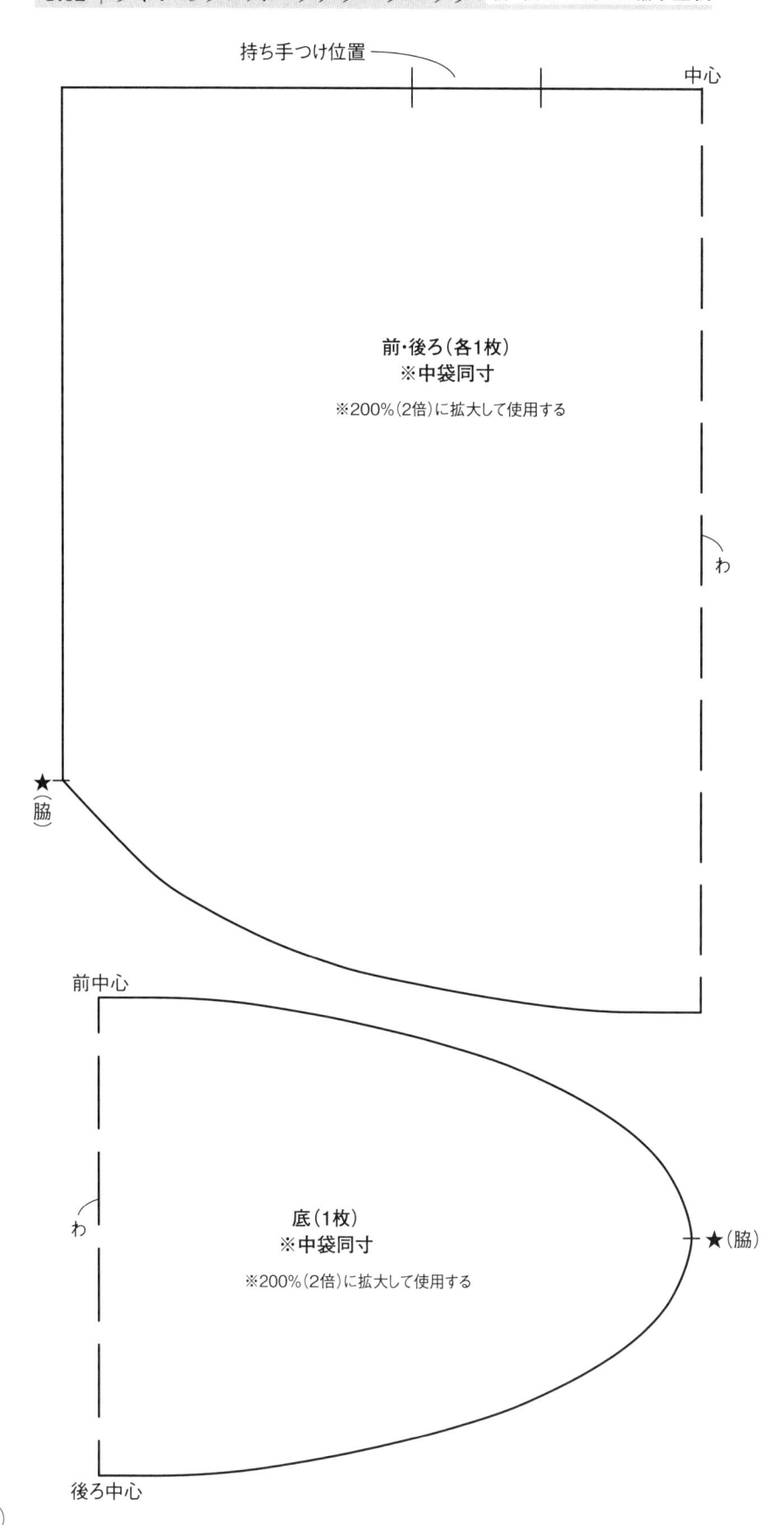

持ち手つけ位置

中心

前・後ろ（各1枚）
※中袋同寸

※200%（2倍）に拡大して使用する

わ

★
（脇）

前中心

わ

底（1枚）
※中袋同寸

※200%（2倍）に拡大して使用する

★（脇）

後ろ中心

│土台前の編み図│

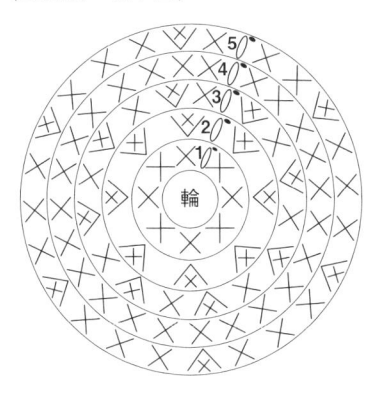

5段‥‥‥30目 ⎫6目増
4段‥‥‥24目 ⎭
3段‥‥‥24目 ⎫8目増
2段‥‥‥16目 ⎭
1段‥‥‥糸端を輪にし、細編み8目

<ゲージ>
白&黒‥‥‥細編み5段＝直径3.5cm
青‥‥‥‥‥細編み4段＝直径3cm

<編み方>
❶下、<糸端を輪にする>を参照して作り目の輪を作り、細編み8目編み入れる。
❷左編み図を参照して2段目以降を編む。青は4段目で編み終える。

＜白＞ ※黒も共通
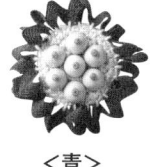
＜青＞

│編み目記号と編み方│

 鎖編み目　　　　　　　　　　　　　　　　　　　　　　　　　　　　　　　●引き抜き編み目

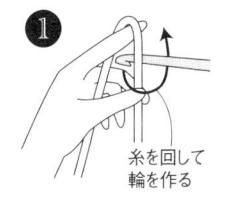
❶糸を回して輪を作る
❷糸をかけて引き出す
❸糸輪を締める
❹❷を繰り返す

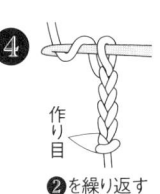

❶矢印のように針を入れる
❷糸をかけて一度に引き抜く

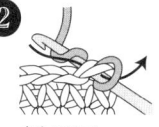

✕ 細編み目

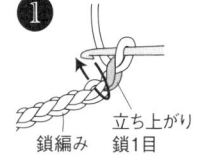
❶鎖編み 立ち上がり鎖1目
立ち上がりの鎖1目の次の目に針を入れる 糸をかけて引き出す

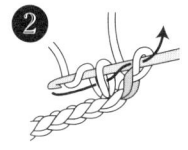
❷もう一度糸をかけ、2本のループを一度に引き抜く

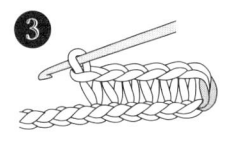
❸❶～❷を繰り返す

 細編み2目編み入れる

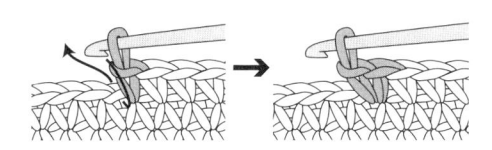
同じ目に細編みを2目編む

<糸端を輪にする> ※1段目の編み方

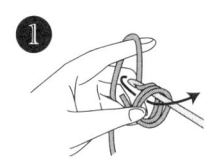
❶二重に輪にした糸を親指と中指ではさむ 糸の長い方を人差し指にかけ、輪の中から糸を引き出す

❷もう一度糸をかけて引き出す

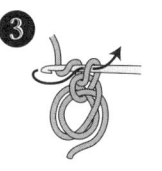
❸もう一度糸をかけて引き出して立ち上がりの鎖1目を編む

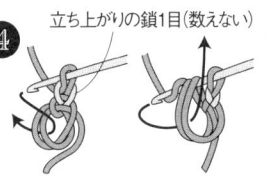
立ち上がりの鎖1目(数えない)
❹輪の中にかぎ針を入れ(左) 糸をかけて引き出す(右)

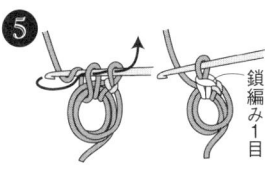
鎖編み1目
❺もう一度糸をかけて引き出す(左) 鎖編み1目の編み終わり(右)

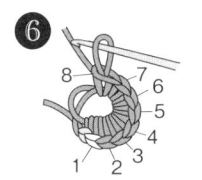
❻❹～❺を繰り返して鎖編み8目編み入れる

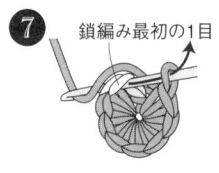
鎖編み最初の1目
❼鎖編み1目に針を入れ糸をかけて一度に引き抜く

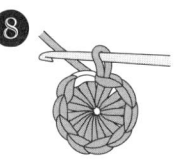
❽1段目、細編み8目後の引き抜き編み終わり

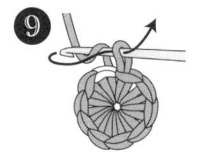
❾2段目、立ち上がりの鎖1目(数えない)を編む

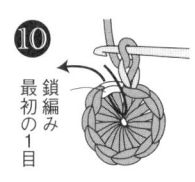
鎖編みの最初の1目
❿鎖編み1目に針を入れ2段目の細編みを編む

■ 花岡 瞳 (左)

京都府京都市在住。1979年より、パッチワークを始める。1988年、京都市、桂に清水良悦さんとともに「QUILT HOUSE あんだんて」をオープン。布やキットの販売だけでなく、パッチワーク教室も併設している。色使いはシンプルながらも、素材感を生かしたモダンなデザインが特徴で、人気を集めている。「縫いつなぐ、布かばん（文化出版局）」、「花岡瞳のウールをつなぐ モダンなバッグ（高橋書店）」など、著者多数。

■ 清水 良悦 (右)

京都府長岡京市在住。1979年よりパッチワークを始める。以来、花岡瞳さんの制作パートナーとして、作品制作に取り組んでいる。

■ QUILT HOUSE あんだんて

花岡瞳さんがこだわって選んだ、綿やウール、リネン、服飾用化繊など独特の風合いと静かな色合いの生地を多数取り揃えている。
本書掲載作品については店舗へお問い合わせください。

〒615-8101
京都府京都市西京区川島東代町28-1 辻ビル2階
TEL&FAX 075-392-3223
営業時間　10時〜16時
定休日　日曜・祝日
E-mail info@quilt-andante.com
Web http://quilt-andante.com

Staff

作品制作協力
清水 良悦
井上 素美代
阪口 万紀子
榎本 栄子

カバー・ページデザイン
昌山 真紀

撮影
たやまりこ
小野 さゆり

企画・編集・作り方
為季 法子

編集担当
恵中 綾子（グラフィック社）

素材とモチーフで楽しむ布小物
Black & Gray, Blue, Brown
モダンでシックな手仕事

2018年12月25日　初版第1刷発行

著者　　花岡 瞳
発行者　長瀬 聡
発行所　株式会社グラフィック社
　　　　〒102-0073
　　　　東京都千代田区九段北1-14-17
　　　　tel. 03-3263-4318（代表）
　　　　　　 03-3263-4579（編集）
　　　　fax.03-3263-5297
　　　　郵便振替 00130-6-114345
　　　　http://www.graphicsha.co.jp

印刷製本　図書印刷株式会社